觀念突破
行動指南

進優取代退休

謝家駒 著

> 帶著熱情與好奇，活出每一天的最佳狀態

長壽時代，學習、工作、夢想與貢獻永不設限
不要退休，要進優，讓人生下半場成為意義與貢獻的高峰！

目 錄

作者簡介		005
序一	要進優，不要退休	007
序二	精彩人生在下半場開始	009
序三	進優的終極目的	011
序四	進優人士幸福地老	013
序五	以天地立心的精神來陶鑄人群	017
序六	重新定義退休，投入進優之旅	021
前言		025
第一章	以始為終　未完成的夢想	027
第二章	觀念突破　十大突破點	059

目錄

第三章	行動指南	始於你足下	083
第四章	世界潮流	十大思想領袖	101
第五章	未來葬禮	死都要創新	185
第六章	海闊天空	進優鄉村俱樂部	215
第七章	坐言起行	只爭朝夕	229
附錄	以成長心態展開「進優行動計劃」的旅程		235

作者簡介

謝家駒博士

1948年出生於香港,是戰後土生土長的第一代。

1974年畢業於香港中文大學,主修社會學及經濟學。

留學英國,獲曼徹斯特大學社會學碩士及博士學位。

回港工作多年後,再赴英國進修工商管理,獲格蘭菲德管理學院MBA銜,並撰寫了一本關於英國馬莎百貨的專書,以英文在英國出版 *Marks & Spencer: Anatomy of Britain's Most Efficiently Managed Company* (Oxford: Pergamon Press, 1985),該書後來翻譯成中文及俄文,分別在北京及莫斯科出版。

早年曾任職於香港南順集團及瑞安集團,致力提高華人企業的管理水平。服務瑞安集團十年間,協助集團成為本地企業管理的翹楚。

1992年創辦「謝家駒管理顧問公司」,是本港第一代的管理顧問。

作者簡介

　　2000 年提早退休,開始邁向進優,以推動社會創新為己任,先後創辦超個十家社會企業,包括「黑暗中對話」,「仁人學社」,「夢創成真」等,改變了香港社會企業的生態,亦是「香港社會創業論壇」的始創主席,並曾出版超過十五本關於社會企業及社會創新的專書。

　　2015 年開始推動主流企業的變革,引進全球矚目的「共益企業」認證制度,促進本地共益企業的發展不遺餘力,並是三家共益企業的聯合創辦人,亦為 B Lab (HK&Macau) 的聯席主席。

　　2020 年,獲得國際組織 Schwab Foundation for Social Entrepreneurship 頒發 Social Innovation Thought Leader of the Year 2020 的稱銜。

序一　要進優，不要退休

陳麗雲

香港大學社會工作及社會行政學系榮休教授

　　退休是一種確保工作場所可持續的系統，機構和僱主無需為員工因年齡增長而突然患病或死亡尋找替代。

　　六十或六十五被指定為香港退休時限。隨著人們預期壽命的延長，退休後的時間也越來越長。香港的預期壽命是世界上最長的，但沒有全民退休金計劃。許多退休人士在無薪生存的幾十年裡經歷了經濟、健康、生存意義、情感、行動和社會關係多方面的困難和挑戰。退休同時失去生活常規、尊嚴、收入、依賴……等同絕望。

　　艾瑞克・艾瑞克森(Erik Erikson)的人生發展階段將脫離和整合作為退休後的關鍵發展任務。

　　進入 70 歲後，我常常糾結要多參與還是要開始遊離。謝家駒 (KK) 的《進優取代退休》確實讓我重新思考退休對我來說意味著什麼。我應該開始改變我的心態，開始進優取代退休。

　　認識 KK 三十多年來，我親眼目睹了他的偉大舉措，他領導的五個社會創業組織和公民運動，以及每個組織如何成長和發展：1. 仁人學社，2. 黑暗中對話，3. 夢創成真，4. 共益企業運動，5. 社會創業論壇。

　　他的六個很快就會實現的夢想：1. 滿竹跨世代蔚然成風，2. 另類教育走向主流，3. 另類旅遊刷新香港旅遊業，4. 進優運動大放異彩，5. 共益企業遍地開花 6. 運動建設智庫，也非常鼓舞人心。

序一　要進優，不要退休

　　我常常認為自己是一個充滿新念頭的人，但當我每次見到 KK 時，他都會提出新的創意。他對建立新計劃和開始新運動的興奮也讓我雀躍。

　　本書包括十本對第二職業或第二人生提出見解的讀書報告。每位作者都為自己重新創造了新生活並激勵其他人也這樣做。

　　我喜歡這本書有很多英文引述。專注進優而不是退休是一個非常好的主意。KK 分享了他的生活以及他希望在葬禮上分享的內容。也許我們所有人都應該考慮在葬禮上分享什麼。我們創造了什麼樣的生活，我們引以為傲的是什麼，我們堅持的價值觀，我們感激的人……分享鼓舞人心的故事，開始這場進優而不退休的運動。

序二　精彩人生在下半場開始

梁萬福醫生

老人科專科醫生、香港老年學會會長

隨著世界各地的嬰兒潮人口的老化，二十多年前世界上開始以人生下半場作為議題，如何定義年老更引發社會的討論。

香港也在最近的十年及未來的二十年進入人口老齡化的高峰期，之前有官員以人口海嘯來形容人口老化高峯期的挑戰，不過作為從事老年學研究多年的一份子，我對這說法一直不敢苟同。

其實人口老齡化是社會發展的成果，公眾衞生的改善與及醫療服務的日趨完善讓人可以活到長壽是一個社會成就，而且人口的增長是完全可以準確地預測，從而作出精準預備及策劃，完全與海嘯的突如其來殺到措手不及是兩碼子的事。

面對大規模的人口老齡化，退休年齡及退休都成為成熟經濟體的重要政治及社會困擾，如何改變傳統以來的退休及經濟的倚賴是老齡化社會的不可忽視的問題。

自從十年前我開始在不同的媒體介紹有關初老 (young old) 的各種議題，2022 年及 2023 年出版了「好好準備變老」的第一集及第二集兩本專書，志在讓更多踏入人生下半場的人士更好地迎接未來的新生活。

很高興收到謝家駒博士傳來新書出版的消息。我認識家駒一算已經超過二十年的時間，那時候他仍然從事他的顧問公司工作．我們曾一起在耆康老人福利會董事會一起工作。不過家駒全面退休後也退出董事的

序二　精彩人生在下半場開始

工作，其後也有多次在他仁人學社的場合見面，不過都是各忙各吧。

多謝家駒之邀請為這本書寫序，家駒兄是精彩人生下半場的經典示範。

我們說要在人生下半場活得比上半場更精彩，就不會再懼怕變老，在變老過程中找到人生的新路向，就自然比前半生活得更精彩豐盛。

家駒兄從 52 歲開始放棄之前所擁有的事業，重新尋找新的生活及意義．很高興現年 76 歲的他真正成功的走過了人生下半場的頭 25 年。確證了當跑進人生下半場的人士放棄舊有上兩代人的退休經驗，重新尋找發展機遇，也豐富了家駒兄所言不是退休而是「進優」。

作為一個老人科醫生，我寄望這一代的香港嬰兒潮新世代都一起朝着「進優」出發，好好利用大家的知識、經驗及網絡實現一個比上一代更成功的變老經驗。

本書中盡錄家駒兄於過往二十五年所走過的經歷及各個研究老化論者的真知灼見，是值得推介給所有五十歲或以上的人士及關注人口老化的朋友閱讀與參考。

序三　進優的終極目的

容蔡美碧

黃金時代基金會創辦人暨主席

「長命百歲」不再是夢想，但大眾準備好面對長壽的生活了嗎？

許多人退休時才驚覺原來往後還有將近 30-40 年可活。日子一久，大部分退休人士都會覺得百無聊賴，甚至有等死的消極想法。有些人卻會躊躇滿志，甚或像 KK（謝家駒）般致力活出更有意義的人生下半場。

我和 KK 合作無間十多年，我們先後成立了幾間社會企業，包括仁人學社（培訓社創及社企人才）、夢創成真（為社創家提供共用空間及商社合作發展）、社企投資會（為社企提供起動資金和指導）、Social Impact Fellows（推動年長者貢獻社會）、共益實驗室（推動共益企業運動）等，全力把社會創新推動到民、商、官、學各個界別。在 KK 的支持鼓勵下，我在 2015 年成立黃金時代基金會（用社會創新的思維和方法應對人口老化的現象），又在 2016 年接任社企民間高峰會主席至今。

KK 善於吸納各家學說，轉化成適用於本地的創新方案。他經常帶領我們學習、討論和大膽嘗試新方案，帶給我們很多啟發。對我是亦師亦友，是我終生的學習榜樣。

在高齡社會，每個人都面對一個多階段的人生歷程。中、老年是人生的「黃金時代」，家庭負擔日漸減少，但各方面的經驗和人脈關係卻越見豐富，即使從全職工作退下來仍然可以扮演不同的角色。正如 KK 在本書內闡述的那樣：「進入一個更優秀的人生階段」，每個人都要重新認

序三　進優的終極目的

識和發掘自己在不同階段的價值，終身學習和終身工作會成為常態，長者仍然可以為社會重新塑造價值。

在這個重塑的過程中，每個人都會有不同的夢想或目標。怎樣才算完成夢想呢？其實達成目標是一個不斷推進的過程，當中可能要有所轉變，又不一定有一個明確的完成日期。反而是透過有社會目標的夢想，鼓勵更多人同行，繼續為擴大社會效益而努力，亦即是KK在書中說的：「進優的終極目的，就是讓我們離開這個世界的時候，仍然有未完成的夢想！」我深信這本書能引發更多讀者對人生和高齡社會的深入思考。衷心希望大家能勇於重塑，突破自己的舒適圈，活出不一樣的人生！

序四　進優人士幸福地老

張瑞霖博士

尊賢會創辦人、推動幸福地老的實踐者

謝家駒博士新書《進優取代代退休》出版，邀請我為書寫序言，我當然卻之不恭。

退休意味着什麼？是從每日刻板的工作中解脫出來嗎？是代表完成人生為事業打拼旅程的完結嗎？是停下來享受人生的時刻嗎？

謝家駒博士以他親身的體驗，向讀者介紹如何可以幸福地老！用大量事例說明擁抱傳統的退休心態不合時宜，進優（Rewirement）相對於退休（Retirement），是所有期望享受優質晚年生活的朋友，都需要認識的新生活形態。

沒有人可以讓生命停下來，因為生命停止成長就是衰敗的開始。生命就是要不斷接受挑戰，突破自己。

現代科技讓大部份人有接近 30 年的健康歲月去享受人生。過早選擇不再工作，不再學習，慢下來去享受平淡清幽嘅生活。這些朋友可能會錯過一段燦爛人生。

謝博士收集了十本社會老齡化過程論述最有影響力的著作，撮要向讀者介紹作者的背景，並指出每本書最有突破的論述。這猶如給讀者上了一個雞精班，讓讀者在短短幾十頁的內容就能掌握目前最具影響力的觀點。

這十本書的作者和書名如下：

序四　進優人士幸福地老

1. Graton & Scott, 100 -Year Life.

2. Chip Conley, Wisdom At Work: the Making of A Modern Elder.

3. Lucy Kellaway, Re-educated-How I Changed My Job, My Home, My Husband and My Hair.

4. Stanford Centre on Longevity, The New Map of Life.

5. Bob Buford, Halftime: Moving from Success to Significance.

6. Marc Freedman, How to Live Forever.

7. Jo Ann Jenkins, Disrupt Aging: A Bold New Path to Living Your Best Life at Every Age.

8. Bruce Feiler, Life is in the Transitions: Mastering Changeat Any Age.

9. Hyrum Smith, Purposeful Retirement: How to Bring Happiness and Meaning to Your Retirement.

10. Sedlar & Miners, Don't Retire - REWIRE!

我不厭其煩把這些作者和書名羅列出來，是想提醒讀者千萬不要錯過這一章，讀後便會深刻地感覺到進優確是一個無聲的革命，在世界各地都已展開。

我們每個人都會為即將進入的人生下半場，作出積極準備。

父母會為孩子選擇最好嘅學校，生怕他們輸在起跑線上。年青人會研究不同行業的就業前景，以選擇合心意和有前途的職業。奇怪的是，很少有豐富人生經驗的成年人，會花時間去了解退休後的挑戰，並計劃如何有意義地渡過餘生。

一個好嘅人生下半場規劃，必須在未退休前三，五年就要開始，因為你要嘗試培養不同的興趣，這需要預留時間給自己摸索。你要為退休

計劃準備各種資源，包括財務及人脈資源。

　　我極力推薦每一位準退休人士，都閱讀《進優取代退休》這本書。給自己一個想像空間，去聆聽新時代所給予你開展燦爛人生嘅機會。謝博士結合自己的人生歷程，去述說「進優」如何改變自己，使「進優」理論變為活生生嘅人生故事。書中討論十大突破傳統退休觀念的論點，協助讀者選擇正確的價值觀。然後亦細心建議八個步驟去開展行動，包括如何處理子女和配偶關係，如何選擇同行者，並建議如何處理從退休過渡到進優的安排。

　　謝家駒博士認為完美嘅人生就係臨終時仍然有一個未完成的夢想，因為這代表你燦爛的人生一直延展到生命最後的一刻。預祝《進優取代退休》一書能鼓勵更多人勇攀人生高峰，讓長者的智慧和能力，推動人類社會的前進！

序四　進優人士幸福地老

序五　以天地立心的精神來陶鑄人群

黃顯華

香港中文大學教育學院客座教授

家駒兄在本書、其他作品和活動中，充分體現出他曾經就讀的崇基學院大門的一副對聯「崇高惟博愛，本天地立心，無間東西，溝通學術。基礎在育才，當海山勝境，有懷胞與，陶鑄人羣」的精神。本人也是畢業於崇基學院，印象尤為深刻。

下文將以「天地立心、有懷胞與、陶鑄人羣、溝通學術」等教育界崇高理念以說明和分析家駒兄本書的內容。

本天地立心

他在本書中引 Bob Buford 所著 Halftime: Moving From Success to Significance，指出人生的下半場才是決勝時刻，有機會成為人生最高峰，這段時間，追求的不是財富，名譽與地位，而是意義，熱忱與貢獻，能夠做出來的效果，肯定比退休前更有價值，所以他提出「進優」這個概念。

他又表示從 TED Talk 中學了很多人生道理，而帶給他最深遠影響的，他便會說 Want to be Happy? Be Grateful 這一視頻，使他學習感恩，終身受益。

他又提倡「滿竹跨世代」運動，強調運動的四大使命，即傳承工藝，推動環保，激發創意，跨代共融，剛巧與「進優生活」的使命不謀而合。其中「推動環保」特別是和現今世界急需解決的問題有關。

有懷胞與

家駒兄關心長者，指出以下一些事實與最新趨勢：

- 在多個高齡化的社會，長者自殺率不斷攀升，已成為各個年齡群之冠。
- 不少高齡化的社會，都出現了所謂「下流老人」，不是賤格下流的下流，而是因為愈來愈長壽，但經濟條件不足應付長壽的需要，導至生活環境走向下流。
- 長壽並不等於一定健康，更並不一定快樂幸福，有些長者會有生不如死的感覺，質疑為甚麼要活得這麼久。

另一方面，不少人卻將不同年紀的人的生活過分地分隔開來，最明顯的是把他們安排到老人院、退休村等，將長者與其他年紀的人嚴格分隔出來，形成「年齡隔離」的嚴重現象。他在本書提出解決這個問題的方法。

他更關心失明人及聾啞人，由此創辦了「黑暗中對話」，讓他們主持一些創新活動，讓所謂健全的人去體驗，享受及學習，他把這些人或其他有關人士稱為「多元人才」(People of Differences)。所謂健全的人得益之餘，又驚訝地欣賞到多元人才的能力及潛能，令他們對這類人才另眼相看．這與一般社會企業以照顧，扶助弱勢社群的取向大相徑庭。

陶鑄人羣

家駒兄又關心年青一代的學習，他的其中一個夢想，是促成另類教育走向主流。他希望另類教育要在下列幾項下功夫：

- 成長心態
- 好奇心

- 自主學習
- 童心創意
- 溝通能力
- 團隊合作
- 領導力
- 環保意識及生活習慣
- 公益心
- 國際視野

我從事教育工作數十年，曾經教過三年小學，十一年中學，二十一年大學和研究院，深刻地感覺到另類教育的重要性。可能會活到100歲開外，畢業後不只會工作三、四十年，更要在這變幻莫測的社會尋求有意義的生命，他們的教育究竟需要如何得到滿足呢？

溝通學術

家駒兄在本書第四章介紹了十個推動進優運動思想領袖的著作，可見全球進優運動已風起雲湧。但他指出，在英文世界，還未有一本像本書這樣有系統地介紹進優的著作，他的夢想是用英文來改寫本書，在英國或美國出版。

小結

書中有一句名言我特別印象深刻："The universe is made of stories, not atoms."家駒兄在本書中不斷講述自己的故事。希望他能夠「以終為始，完成他未完成的夢想」，而其中一個是辦好「進優鄉村俱樂部」，以凝聚一班進優的先行者，以創新活潑的方式，推動進優運動的發展，可謂任重道遠。

序五　以天地立心的精神來陶鑄人群

序六　重新定義退休，投入進優之旅

李國華

仁人學社首席顧問

提起退休，很多 50、60 歲的香港人都會又愛又恨！一方面恨不得提早實行舒適無憂的退休生活；但調查顯示，他們對退休生活不是很有信心，主要擔心是「沒有足夠錢來過所期望的生活」、「活力下降」、「生活缺乏意義」。

就我個人而言，我在 45 歲左右開始思考退休這個話題。當時我有請教 KK，他介紹我看一本由 Bob Buford 寫的書叫 "Halftime"。這書發人深省，正如 Jim Collins 在該書的序言中所說，Bob 讓讀者在規劃自己的後半生時感到不舒服 (Uncomfortable)，然後激勵我們擁抱 (Embrace) 這種不舒服 (Discomfort)，讓自己的生活變得更有意義 (Significance)，而不僅僅只是成功 (Success)。

退休制度可以追溯到 19 世紀末的歐洲，在過去一個世紀有不錯的發展。但在 21 世紀初，諸如科學技術的發展，醫療衛生的改善，工作性質的演變，等等都為這個概念帶來挑戰及機遇。特別是很多人都沒有想到自己會活到 90 歲甚至 100 歲以上，也未準備怎樣過好較預期長一倍的退休生活（即從 15-20 年的退休生活增加到 30-40 年）！

在挑戰方面，上述的擔心將變得更加強烈。例如，「下流老人」詞於數年前在日本興起去形容這種「冇錢、冇活力、冇意義」的老年退休生活。您可能會覺得它像漫畫書一樣被誇大了，但在美國，英國甚至台

序六　重新定義退休，投入進優之旅

灣的許多發達國家，研究發現越來越多人有這樣的擔心。從積極的一面看，更長的退休生活亦為個人提供更多實現夢想或嘗試不同生活經歷的機會，也是企業以至社會一份潛力巨大的人力資本。

傳統的退休觀念和制度看來已不合時宜，更與香港情況「堅離地」。我們要為退休重新定義，令長壽人生添加色彩，為社會注入動力。

我和KK在2019年與一班來自不同行業、正處於進優轉型黃金歲月的人士（即在準備退休之年的前10後10），共同經歷了一個為期9個月的「進優行動計劃」，包括互動工作坊、跟本土社會創新項目近距離接觸、海外交流團等等。希望成為香港推動改寫「退休」一詞的先行實踐者。脫胎換骨可能有點自吹自擂，但可以說所有參加者對勾畫退休生活藍圖有了更深入的理解和洞察，對於繼續我們進優之旅都充滿信心和憧憬。

但在同年，香港經歷了前所未有的社會事件。在2020-2023年之間的4年，我們又遇上史無前例的巨大疫情。疫情過後一年多以來的地緣政治變化，香港仍然面對不同的機遇和挑戰！香港不再一樣，我們也不再一樣。但對於參加了「進優行動計劃」的朋友，意義及作用變得更重大！

我們反覆問自己……考慮到香港和全世界這樣的局勢和情況，Re-Wirement 對我們以及香港仍然有用嗎？我們應該繼續推動「進優運動 ReWirement Movement」嗎？

答案當然是「肯定」！我們對上述內容進行了反思，並且一致認為，「進優」對我們香港的所有人都更加重要，由於：

◆ 「進優」心態以及所有四種有形/無形資產，除了追求有意義的生活外，對於我們應對不可預見的挑戰和機遇也至關重要。

◆ 「進優運動」(ReWirement Movement) 幫助進優人士 (ReWirees) 釋放潛能，為社會提供人力資本，將香港以及世界變為一個更宜居的地方。

同時，我們也瞭解到，單單只用傳統形式的面對面研討會和一般的交流活動，可以做到的效果是很不足夠的。在這本《進優取代退休》書裡面，KK 總結了這幾年在全世界不同地方的經驗和研究所帶來的啟示，加上在香港本土做過幾個項目的實踐，他也指出要做到真正有影響力的「進優」運動 (ReWirement Movement)，一定是要從「觀念」及「行動」兩方面雙管齊下！

KK 這本書雖然易讀易明，但字裡行間處處表現出 KK 很着緊讀者有沒有深入反思他寫的內容。更重要的是，KK 真心希望讀者在反思時把自己置於一個不舒服的境地 (Discomfort)，然後做到突破固有觀念，把想法付諸行動！

序六　重新定義退休，投入進優之旅

前言

進優與退休的分別及關係，有點像電動車與汽油車一樣。

兩者都是同時存在，但此消彼長的趨勢至為明顯。

在不久的將來，電動車將會完全取代汽油車，可能就在本世紀中葉。

進優亦會完全取代退休，但需要的時間會長一些，可能要到本世紀末。

人們不用等待到全面取代，已經可以擁抱未來，正如在今天，我們便可以享受電動車及進優。

進優與電動車的普及過程中，一個關鍵的角色是 Early Adopters（早期採用者）。

本書的主要對象，便是進優的早期採用者。

此時此地在香港，進優的早期採用者有下列特徵：

- ◆ 五十開外（不一定已退休或臨近退休）
- ◆ 教育程度較高（通常有大專或以上學歷）
- ◆ 經濟條件比較好（有相當程度的「經濟自由」）
- ◆ 有社會意識（不純粹著眼個人及家庭的福祉）
- ◆ 有廣闊社會網絡（線上及線下）
- ◆ 有能力或潛在能力當意見領袖（進優運動中 KOL 舉足輕重）

人數並不太多，但早期採用者是貴精不貴多。

前言

　　這本書便是專為他們而寫。但並不是只想他們讀這本書，而是期望他們讀後坐言起行，踏上進優長征之途，以身作則，感染更多的人加入進優的行列。

　　書中最後一章，勾劃了「**進優鄉村俱樂部**」的願景。

　　本書成功的最重要指標，不是銷路的多少，或是好評的數目，而是有多少位讀者，加入成為「**進優鄉村俱樂部**」的會員，發揮集體智慧，一起推動及深化進優運動，加速進優取代退休的歷史潮流。

第一章
以始為終　未完成的夢想

第一章　以始為終　未完成的夢想

假如明天是我最後的一天，而我還能寫最後的一篇文章的話，肯定是我一生最重要的文字。我可以毫無顧忌，毫無保留地寫我要說的話。

有人會問，為甚麼現在不能寫，要等到最後一天才寫？原因很簡單，我會坦白得很厲害，肯定會令一些人不開心。我會把注意力全放在達致最佳效果，而不再介意有甚麼人覺得我得罪了他們。

其實，平時我寫文章，也會在不知不覺中開罪了人，但這通常是無傷大雅的。不過，這篇文章會有點不同，我可能批評到的人，本身就是我想影響的對象。我生前不方便直接跟他們說的話，現在是最後機會了，我不介意任何後果。

舉例來說，一些商界的朋友，一些中學及大學的老同學，一些經常見面的親友，一直想和他們分享我的想法，但找不到合適的表達方式。

我這篇告別文章有一個副題：**未完成的夢想**。這當然才是主角。

我覺得每一個人臨終的時候，最重要的是要有未完成的夢想。

假如明天真的我最後的一天，我肯定會有很多未完成的夢想。但亦會有一些遺憾，包括：

第一，是我未能感染到更多的人，能夠在臨終時仍然有他們未完成的夢想。

第二，是我未能鼓勵到更多人，進入人生下半場的時候以「進優」代替「退休」。

第三，是我未能讓更多的人，把「一代人做一代事」作為座右銘。

沒有夢想的人

如果一個人死時沒有未完成的夢想，大抵只有兩個可能性。一是所有的夢想都已經完成，二是根本就沒有夢想。

第一個可能性機會很微，因為如果真的有夢想，通常都會很難完全實現，而且人如果有夢想，通常會有多個，全部都完成的機會微之又微。

至於第二個可能性，反而會更普遍，就是根本沒有夢想。一個人沒有夢想，死的時候可以更灑脫，閉上眼睛，便與這個世界再無瓜葛。沒有夢想，可悲的不是在死的時候，而是未死之前恍似行屍走肉。

因而有一個結論：一個人死的時候，最難得的是還有一些未完成的夢想。

這些夢想是生前已經努力不懈去實現，到離開這個世界的時候還未完成也不打緊，可以留給下一代繼續努力。

要進優，不要退休

第二個遺憾與進優有關。這是我對英文 ReWirement 的翻譯，相對於 Retirement。

所謂 ReWirement，是指不去 Retire，而去 Rewire，轉換一下腦筋，重新思考及部署跟著來數十年的生活。把它翻譯成「進優」，其實未能準確地帶出轉換腦筋的意思，僅是突出了拼棄退休的觀念，進入一個更優秀的人生階段。

第一章　以始為終　未完成的夢想

自從工業革命以來，全球各地普遍的人均壽命都延長了很多。但究竟長了多少？一般人未必察覺到。原來在1900至2000這一百年間，全球普遍人均壽命增加了30年，對，是30年，從40多歲增加到70多歲，而且還會繼續增加。

這些數字有力地說明了在20世紀初開始出現的退休理念及安排已愈來愈不合時宜。在20世紀中，一般人即使到達所謂退休年齡，例如六十歲左右，退休後大多只有五至十年便離世。但是現在人均壽命已大大延長，加上醫療衛生及生活水平的不斷提高，很多人到達退休年齡仍是身體健康，精力充沛，往往還有30至40年的壽命，要他們全部退下工作崗位，「享受」退休，是一件不合理的事。

我自己就是一個活生生的例子。

我52歲提早退休，把本來經營得十分好的管理顧問公司結束下來。當時還未有進優的意識，只是覺得要停下來，重新思考及探索如何享用未來的日子。最初幾年，基本上是無所事事，到處旅行，看看書，學打高爾夫球。旅行的地方，去得最多的新西蘭，至今已去過三，四十趟。

在一個偶然的機會下，認識了當地最出名的社會企業家，Vivian Hutchison，驚為天人，馬上聯想到小學時學過的一句成語 – 坐井觀天。

我雖然有四個學位，在大企業工作多年，又曾暢遊全球四大洲，但從未察覺到有社會企業家的存在，真的何異坐井觀天？

於是馬上「惡補」社會企業，社會企業家，社會創新等課題。很快成為了本地的專家，並成立了「**香港社會創業論壇**」來推廣。

我的 ReWirement，是我人生的一個轉捩點，開啟了新的一頁。進優過程中，眼見不少朋友陸續加入了行列。我未完成的夢想，是希望更多的人有此覺醒及機會。

目前最大的遺憾，是不少教育程度比較高，經濟條件比較好的朋友未能洞察到這機遇，仍然過著十分傳統的退休生活。有時候，我安慰自己說，人人有不同的選擇，我無理由奢望他們改變。但我始終覺得，他們並沒有真的作出選擇，因為未知道有進優這選項。

一代人做一代事

我的第三個遺憾，與「一代人做一代事」有關。

首先，假如我會有一個墓誌銘的話，上面寫上的就是這七個字。

我的一生，就是身體力行一代人做一代事的寫照。

每一個年代都有它的挑戰。一個人生於那一個年代，基本上不是自己選擇。但一個人在所處的年代中，如何理解及回應該年代的挑戰，卻是絕對有選擇的。

有些人會選擇不聞不問，甚麼挑戰都與他無關。有些人會嘗試深入了解這些挑戰，並思考及決定自己如何回應這些挑戰。當今社會資訊流通得快而廣，稍有知識的人都難以視而無睹，何況那些有相當教育及工作經驗的人。我們有責任，有能力去了解這些挑戰及作出回應。

我最早接觸到一代人做一代事這句話，與**錢穆**教授有關。

錢穆是傑出的哲學家，歷史學家，及教育家。1950 年因逃避戰亂來到香港，沒有錢，沒有工作，沒有關係，用他自己的話，是「**手空空，**

第一章　以始為終　未完成的夢想

無一物」。但他對宏揚中華文化有莫大的熱忱，在極端貧乏及惡劣的環境下，創立了新亞書院。這正是一代人做一代事的典範。

每一個年代都面對眾多的重大挑戰，個人的力量始終有限，未必能有很大的作為。但每一個人都可以根據自己的條件及機遇，去做自己可以做的事。

對於進入了進優階段的朋友，一代人做一代事亦有積極的意義。有機會進優的，都是幸運的一群。進優期間長達數十年，應做些甚麼固然人人不同，但本著一代人做一代事的心態來作選擇，肯定會有幫助，令進優生活更多姿多彩，更有意義。

小結

假若我們人生的下半場，不退休而進優，以一代人做一代事的宗旨去決定我們應做的事，那就很可能有多個夢想終生也未能完成。不打緊，就讓我們未完成的夢想，活在下一代的心中。

甚至可以說，進優的終極目的，就是讓我們離開這個世界的時候，仍然有未完成的夢想！

人生最高峰

我是幻想著自己生命最後一天來寫本文的。現在寫了出來也好，早一些面世也無妨。事實上，大可以把它作為初稿，到我臨終時看看有沒有需要修改，假設我仍然頭腦清醒。

今年是 2024 年，我 76 歲，依然精力充沛，思想敏捷，與剛退休時不相伯仲。每週打一場高爾夫球，與及兩小時的網球；經常日行萬步。如果能繼續保持身心健康，亦無惡疾侵犯，不難活到九十開外（暫時不奢望百歲）。

我有一種感覺，就是我人生的最高峰還未出現。這個感覺很特別，但是細想一下，這正是每一個進優人士應該有的。

一個人退休之前無論有多大成就（或是全無成就），但生命尚未完結，跟著還有至少三，四十年的光景，確是海闊天空。可以想的，做的都跟以前為生活而勞碌時全不一樣。加上累積了多年的知識，經驗，閱歷與智慧，而且經濟上有相當的自由，確是有無限可能。

這段時間，追求的不是財富，名譽與地位，而是意義，熱忱與貢獻，能夠做出來的效果，肯定比退休前更有價值。

所以可以斷言：**進優期間出現人生最高峰是很自然的事。**

今天的夢想

讀者大概可猜想到，我寫這篇文場的目的，是希望你在臨終時也有一些未完成的夢想。

是的，你猜對了一半。

另外的一半，**是希望你現在好好地去實現你的理想。**

臨終時有的夢想，不是在生命最後階段才「發」出來，而是你一直以來長期追尋的夢想。臨終時也未能完成也不足為奇。假若你的夢想為世人認同，並有不同的人或組織繼續努力去實現，那是你送給這世界最豐

第一章　以始為終　未完成的夢想

厚的遺產。

下面我想跟你分享一下直至今天還未完成的夢想。但未開始之前，我更想分享一些我已經相對完成的夢想，因為這些經驗可說是踏腳石，令我更相信我有機會實現我的夢想。

已經相對完成的夢想一共有五個，令我感到十分自豪，因為全部都是我親自開拓的，而且已有相當成績，並有團隊繼續發揚光大，我直接參與的程度已微不足道，它們已有自己的生命力，這是我至為感恩及安慰的。

這五個是：

- 仁人學社
- 黑暗中對話
- 夢創成真
- 共益企業運動
- 社會創業論壇

仁人學社 Education for Good

仁人學社是我發起及與九位股東一起創辦的，至今已有十二年歷史，目前有全職同事六人，另有十多位兼職導師。

我們是香港首家以提供社會創新教育及顧問服務的社會企業。目的是去感染，培訓及支持有志於社會創業或創新的人士，同時我們亦提供顧問服務給與 NGO，企業，公營機構及政府部門。

我們的願景是：Everyone A Changemaker, Every Business A Social Business.

所謂 Changemaker，是指有抱負，有決心，有能力促動社會變革的人士。

看似很簡單，其實這是 Change 2.0 的表徵。

Change 1.0 是指一直以來，人們以為推動社會變革都必須是大人物，例如帝王將相，聖賢，宗教領袖等。普通人是無能為力的。

Change 2.0 相信社會上任何一個人，只要有抱負，有決心，再加上不斷提升的能力，便可對社會上的一些問題或不足，提出解決的方法，推動變革，移風易俗。

我們掌握這個機遇，設計了不同的課程及計劃，培養了大量的 Changemakers，並通過他們的作為及成就，感染更多的人加入這行列。

我們最引以為榮的培訓計劃，包括 Certified Entrepreneurial Managers，Social Entrepreneur Incubation Program，未來大學等。

我們亦是本地最早提供精益創業（Lean Start-up），及設計思維（Design Thinking）培訓計劃的公司，有助於改變社企的創業生態。

第一章　以始為終　未完成的夢想

　　仁人學社亦是全港首家獲得國際認證的共益企業（Certified B Corp），以身作則地推動本地共益企業運動的開展。美中不足的是我們並未有投進足夠資源去協助本地共益企業的發展。

　　作為一家既是社會企業，又是共益企業的公司，我們採取了三三制來處理利潤分配：三分之一用作公益用途，三分之一分給股東，三分之一留下作發展之用。我們特別成立了一家已取得香港政府承認的慈善團體（仁人學社基金會有限公司），來接受作為公益部份的捐款。

　　過去十年，資助了數以十計的大小項目，其中至為引以為榮的，是贊助了十多位有志從事社會創業的年輕人，遠赴孟加拉進行社創學習，由尤努斯教授（全球首位獲得諾貝爾和平獎的社會企業家）所創辦的 Grameen Centre 負責安排。

　　我特別感到自豪的，是為一班年青人創造出一些他們夢寐而求的事業，並讓他們得到有吸引力的薪酬及福利，又有不斷學習及接受挑戰的機會，此時此地，十分難能可貴。

　　仁人學社現在的 CEO 是李國華，比我年輕十多歲，帶領著一支年青團隊屢創新高。

黑暗中對話 Dialogue in the Dark

黑暗中對話可說是本地最具影響力的社會企業之一。更重要的，它也是內地最受重視的香港社會企業。

黑暗中對話源於德國，是全球最受推崇，以特許經營方式運作的社會企業，香港的公司是其中一個特許經營者。

在香港，黑暗中對話的影響，主要來自三個因素。

第一，當然是它出人意表的創新服務。由失明人及聾啞人（或其他「多元人才」People of Differences）主持一些創新的活動，讓所謂健全的人去體驗，享受及學習。後者得益之餘，又驚訝地欣賞到多元人才的能力及潛能，令他們對這類人才令眼相看。這與一般社會企業以照顧，扶助弱勢社群的性質大相徑庭。

例如，黑暗中對話最受歡迎的活動是「行政人員工作坊」。各類企業（或任何機構）的行政人員都可以參加一個三小時的工作坊，其中兩小時在黑暗中由失明人導師主持，最後一小時由一位健視的促導員主持，讓參加者反思兩小時的經驗，從而令他們對於一連串的管理技巧（包括溝通，領導，團隊合作，危機管理等）得到深刻的領會，比一般的高層管理培訓，更具挑戰性，趣味性，及新鮮感。因而成為黑暗中對話最主要的

第一章　以始為終　未完成的夢想

收入及利潤來源。

第二，黑暗中對話是由私人集資創辦，與當時一般社會企業依賴政府提供資金截然不同。開始運作的第一年（公司還未成立），由兩位創辦人（張瑞霖及我）各自出資港幣五萬元，十二個月內舉行了二十多場行政人員工作坊，營業額達一百萬元，虧損五萬元，證明了市場對這類活動的接受能力。第二年，開始集資，一共有十九個股東參加，共集資五百六十萬元，是本地一項創舉。

這開了私人集資創辦社會企業的先河，從此香港的社會企業生態大為改觀。私人出資興辦的社會企業與日俱增。從 2010 年左右超過 95% 由政府出資，到 2020 年前後私人集資的比例已超過一半。更重要的，是私人集資的社會企業比由政府出資的更具活力，更創新，及有較高的存活率。

第三，資金來源是一件事，盈利能力是另一件事。

黑暗中對話的盈利能力比預期高。集資開業後第一年，經過七個月的運作便達致當月收支平衡，年終結算略有虧損。但第二年已開始有盈利。第三年繼續有利潤，於是董事會決定首次派發股息給股東，為香港社會企業的創舉。跟著每年盈利雖有升有降，但走勢異常健康。到第七年底，已累計繳納稅款超過一百萬元。

黑暗中對話成立於 2009 年，至今已有十五年，仍然充滿生命力，及不斷推出創新服務，全靠一班多元人才屢創奇蹟。

歷屆的 CEO 貢獻最大的是 Cora Chu，包括領導公司走過疫情期間艱巨的日子，現任的董事會的主席是莊陳有，一直是中流砥柱。目前全職同事三十多人，並有數十名兼職同工。目前我已無參與日常運作，只是感恩地做啦啦隊。

夢創成真 Dream Impact

說起來有點難以置信，夢創成真的誕生與前特首林鄭月娥有些關係。話說林鄭當選特首的晚上，她開了一個慶功招待會，當然是大眾矚目，我也在電視上看到了盛況。會中林鄭說了一句：「我也要開翻個 Facebook Account 了，否則難以與我的兒子保持溝通。」意思說將會忙到無時間見兒子。

我其實也有 Facebook account 的，只是從來沒有用它。當天晚上，我如常地打開我的電郵，驚然見到 Facebook 的連結，記起了林鄭的說話，於是姑且看看，原來有幾百人正在等我的邀請回覆。我順手接納了二百多個，便沒有耐性繼續下去。

那知第二天早上，收到了一個 Facebook 的訊息，來自昨天確認的一個朋友，是我大學時代的同學，數十年鮮有見面。他約我喝咖啡，我馬上答應了。

在咖啡廳坐下來，他第一句便問：「我有一個地方，二萬多平方呎，交通方便，你覺得可以怎樣用？」我覺得有點突然，於是反問他：「你想用來做甚麼？」他說：「我去過 The GoodLab（好單位），覺得很有意思，我想打造一個地方讓年青人可以創造事業。」

我回答說，我大概知道你的想法，我們不需要另一個好單位，讓我替你構思一下，怎樣好好運用這地方。

好單位的始創人是香港社會創新的先驅黃英琦，我也是創辦人之一，深明其設計的初心及運作形式，於是我根據好單位的經驗，設計出一個嶄新的社創平台，並提議稱之為「夢創成真」，基本上是 Hardware（實體空間），Software（軟體建設），及 Heartware（心靈建設）三方

第一章　以始為終　未完成的夢想

面的有機結合，成為了日後類似空間的重要參考。

實體空間方面，我們把二萬多平方呎一分為二，一半是共享工作空間，可供數十家不同大小的社創單位作為辦公場所；另一半是活動空間，有多間不同大小的房間舉行各種的活動，而且用彈性間格，最大的空間可容納一百五十人。另有寬趟的接待處及用膳空間，方便溝通及交流。

軟體建設方面，我們採取「夥伴制」，不叫會員或租戶，只有夥伴。使用共用空間的稱作「駐場夥伴」（Resident Partners），只使用公共空間的稱為「非駐場夥伴」（Non-resident Partners）。

此外，公共活動空間亦接受非夥伴組織租用，收費略高於夥伴。所有夥伴都經常在線上及線下互通訊息，交流及探索合作，以達到互相學習，互相支持，互相鼓勵的效果。

心靈建設是經常被忽略的一環，我們也沒有甚麼經驗。只是對每一個夥伴都提出了一個要求：你必須有夢想。我們覺得，這個場地是難能可貴的，所以想特別提供給那些有夢想令世界變得更好的夥伴，我們也相信「生命影響生命」，有夢想的人走在一起，大家會互相影響，夢想有更大的機會實現。況且，個別的組織規模未必很大，但走在一起整體的效應便可倍增。所以我們的座右銘是：Individual Dreams, Collective

Impact（個別夢想，集體效應）。

經過六年多的運作，夢想成真已發展成為本地一個舉足輕重的社創平台，有超過一百多個夥伴，絕大部份是私人出資創辦的社會企業。

Dorothy Lam 是共同創辦人及 CEO，已被公認為是社創界的明日之星，帶領著一個年輕團隊，不斷創新及支持夥伴們成長。我已沒有參與日常運作，但是每一次回到夢創成真，見到這麼多年輕人及社創團隊一起發熱發光，既感動又感恩。

共益企業運動 B Corp Movement

在 20 世紀，資本主義制度與共產主意制度進行了一場全球性的競賽。隨著蘇聯的解體及中國大陸對資本主義的傾斜，資本主義制度彷彿得到全面的勝利。

但這不代表資本主義制度十全十美，無懈可擊，可以永續發展。相反地，資本主義制度千瘡百孔，正面臨前所未有之巨大挑戰。

過去數十年，在西方資本主義先進國家，不少有識之士及企業家，對資本主義制度作出了深刻的反省，並認為資本主義必須徹底改革，才能避免災難性的悲劇。

第一章　以始為終　未完成的夢想

21世紀以來，各種推動資本主義改造的運動層出不窮，其中最為人所重視及成績顯著的，便是共益企業運動。此運動的發起人是一群企業家，2006年在美國開始，現在已成為一個覆蓋八十多個國家的全球性運動，一共有超過八千家認證的共益企業，成為一股舉足輕重的改革浪潮。

在亞洲，共益企業方興未艾。在香港，台灣，中國大陸，東亞，東南亞等地都有組織大力推動，每一國家都有數以十計的共益企業。

值得一提的是中國大陸。由於共益企業是起源於美國，一般人以為會難以在中國大陸生根。但出乎意外地，通過一個內地基金會兩年間的深入研究，最後發表報告認為在內地也可以及應該推行。最終有兩大基金會聯手在全國推行，成績斐然。也是一個異數。

在香港，我所創辦的仁人學社，率先成為首家獲得國際認證的共益企業。其後我屢次訪美，與共益企業位於費城的總部建立關係，最後在2020年獲得批准在香港設立「共益實驗室」（B Lab），負責香港及澳門地區。

我是香港共益實驗室首屆聯席主席，現已卸任，繼續擔任董事。實驗室現有一位全職同事，並已能做到財政上收支平衡。

目前香港只有30家認證共益企業，微不足道。我們目標是在三年內達至一百家。挑戰甚大，感覺上是任重道遠。期望在一眾董事及同事，加上一群熱心人士，努力不懈，創造奇蹟。

◇ 社會創業論壇 Social Entrepreneurship Forum

社會創業論壇是我在社創領域成立的第一個組織。

2007年，當我完成了週遊列國社企考察之後，回到香港便不斷向友

人介紹我的所見所思。毫無例外地，沒有人聽過社會企業這名詞。他們鼓勵我多些宣傳推廣。但我總不能每天都講。於是靈機一觸，胆粗粗地開始編一份英文的電子雙週刊，Social Entrepreneurs Newsletter。每期三頁 A4 紙大小，深入淺出地介紹世界及本地社會企業的現況及發展。

這純粹是牛刀小試。當時的對象僅是我有電郵地址的數十位朋友。豈料反應異常巨大，出了僅兩期，便有讀者要求舉辦座談會來深入討論社企的問題。於是搞了兩次的座談，每次都有數十人參加。

會上氣氛異常熱烈，大家都覺得值得有系統地去推廣，還提議成立一個組織來進行。我當時已退休（還未有進優的觀念），十分害怕組織這兩過字，但他們熱衷的程度，令我感覺到即使我不參與，他們也會成立組織，所以我也不反對了。後來組織成立後，還選了我做主席。

社會創業論壇這名稱也是可圈可點，反映出當時社企生態的關鍵問題。當時香港政府已成立了兩個基金來支持社企發展，主要是通過以向 NGO 撥款形式來成立社企，效果毫不理想。

最要害的，是只接受 NGO 申請，而且是無償資助。這樣一來，NGO 獲得資金後，往往委派社工去主持這些社企項目。但社工的專業訓練，與創辦及營運自負盈虧的社企根本是風馬牛不相及，簡直是勉其所難。

因此我們強調要發揮創業精神來辦社企。社會創業論壇中的社會創業，是指由有社會使命感的創業者來創辦社企。

社會創業論壇的使命就是：

To create and sustain a civic movement of social entrepreneurship。

即是說，去開創及持續發展一個由民間主導的社會創業運動。

第一章　以始為終　未完成的夢想

　　論壇的工作及活動十分多樣化。舉其大者有三。

　　一是持續出版 Social Entrepreneurs Newsletter，發揮思想領導作用。我一直担任主編，一共出了 270 期，並三度結集成書出版。

　　二是經常邀請國外傑出社會企業家來港分享經驗，以生命影響生命。其中包括黑暗中對話的創辦人 Andreas Heinecke，結果促成了它在香港落戶。

　　三是全方位支持社企民間高峰會的籌備與推廣，並在八年前正式接手主辦高峰會，繼續發展其為區內備受重視的年度盛事。

我從第二屆開始,便一直有參與高峰會的籌備工作。數年前已交棒給較年輕的組織者,現在高峰會的活動日見多元化,特別是與年度會議平衡發展的分區活動,一年比一年成熟,深入民間,預計很快便會覆蓋全港十八區。

　　社企民間高峰會,現已家傳戶饒,而且與政府有關部門合作無間,確是難能可貴。關鍵在於歷屆籌委會主席領導有方,包括頭十年的始創主席李靜宜博士,與及現任主席蔡容美碧女士,引領數十個社創機構通力合作,不斷創新。最近幾年,又刻意吸納年輕有為的社創精英加入籌委會,培養第二,第三梯隊,可喜可賀。

　　作為一個運動,打的是持久戰。可幸我們已有一批又一批充滿熱忱的生力軍,把運動向深處及廣處推進。

鬆了一口氣

　　一口氣與大家分享了這五個相對完成的夢想,現在感覺是鬆了一口氣。

　　假若我明天就要離開這個世界,回想到這五個相對完成的夢想,我也會有一些平靜及安慰,仿如無悔一生。

　　是的,我親手創辦的五個有社會意義的組織,在我離去之後,仍然富有生命力,繼續照耀這個世界,這種感受是難以用筆墨來形容的。值得注意的,是所有這些都是在我進優之後出現的。所以我沒有退休,只是不斷地進優,海闊天空,任我縱橫,創造無限可能。所以也希望你也邁向進優世界,創造你的奇蹟。

　　不過,明天不是我最後的一天。

第一章　以始為終　未完成的夢想

我今年 76 歲，來日方長。所以仍然可以有新的夢想。

75 歲那年，我開了一個生日會，主題是「未完成的夢想：我的及你的」。我邀請了約一百位友人參加。我在邀請函中寫得很清楚，如果你出席我的生日會，我會向你介紹我未完成的夢想，而你亦需跟大家分享你的一個夢想。

五年之後（我 80 歲了），我會開另一個生日會，讓大家分享各自實現夢想的經驗。

我強調，假若你沒有夢想，這五年你怎樣過？

假若有，無論在實現夢想過程中有甚麼成就或失敗，喜悅或挫折，啟示或遺憾⋯⋯大家一齊分享及借鏡，豈不是人生樂事？

以下是我至今未完成的夢想。你會留意到，我的夢想多得很，假若你未看過我以上的經歷，也許你會認為我是在發白日夢，但知道我過去的往績後，可能會令你另眼相看。此外，各個夢想其實有很多共通之處，可以互相呼應，相輔相成。

六大夢想

1. 滿竹跨世代蔚然成風
2. 另類教育走向主流
3. 另類旅遊刷新香港旅遊業
4. 進優運動大放異彩
5. 共益企業遍地開花
6. Movement Building Think & Do Tank

夢想一:「滿竹跨世代」蔚然成風

滿竹跨世代既是一個運動,也是一門生意,集環境保護,文化傳承,創意開發,跨代共融於一身。

這可能是我野心最大的夢想。肯定在我有生之年不能完成。關鍵是能夠建立豐厚的基礎,讓它繼續發揚光大。

沒有黑暗中對話的經驗,可能就沒有滿竹跨世代的誕生。黑暗中對話是善用黑暗來創造學習及體驗活動,創造了奇蹟。

滿竹跨世代的主要媒介是竹,堪稱是世界上最環保的物料,而切入點是搭棚技術。

建築用的竹棚架在香港隨處可見。搭棚技術是中國文化獨有,歷史悠久。搭棚看似複雜,高深莫測,高不可攀,但原來最基本的技術卻是可在五分鐘內便掌握。關鍵就在一個結,萬變不離其宗。一旦掌握了這個結的技術後,便可以用來搭起不同的物品或設施。

這個結就像黑暗一樣地奇妙。我自學成功掌握了這技術後,便靈機一觸,覺得可以作為一個變化多端的媒介,發展出不同形式的學習,娛樂,體驗的活動。滿竹跨世代的起源就在這裡。現在我們已有一系列的體驗活動及產品,讓大眾接觸,體會,及運用竹的特性,從而發揮環境

保護，文化傳承，創意開發，跨代共融等效果。

當前的挑戰，便是把這個運動讓更多人認識及參與，同時擴大認證導師的數目，方便更多人參與我們的活動。

夢想二：另類教育走向主流

教育改革是一個全球性的議題。香港當然並不例外。

但要改革教育談何容易。通常教育改革從醞釀到推行往往以十年計，而且預期效果難以估量。

對於家長來說，很難等著教育改革的來臨。他們有一個選擇，就是在課餘時間找尋另類教育的機會。

我們就是計劃掌握這個機遇，創造一些靈活，高效益，有趣味，有學習性的活動，構建另類教育的空間，補充正規教育的嚴重不足。

我們的靈感，主要來自兩間學校。

2020年，World Economic Forum出版了一本專書，書名是Schools of the Future，介紹了十六間來自世界不同地方的學校，認為是明日教育的典範。其中兩間是位於印尼巴厘島的Green School，及位於中國浙江省的**安吉遊戲**。

https://www.youtube.com/watch?v=QLazng1cdMU

Green School的特點是全部校舍都以竹建成，學生以大自然為學習的目標，培養有國際視野，有創意，有冒險精神的世界公民。這與滿竹跨世代的理念完全吻合。我們已有一個成員到Green School參加了一個為期十一天的課程，另外兩人（包括我）也參加了他們舉辦的一個為期十週的Bamboo U網上課程。

安吉遊戲是一個革命性的幼兒教育課程。完全不教傳統的學科，例如：生字，外語，數學等，學習主要通過自主的遊戲活動來進行，效果顯著，全球矚目。起源於浙江安吉縣，現已在全國推行，香港教育局亦已計劃在十二間幼稚園試行，已有數百名幼兒教育界人士專程到安吉取經，莫不讚嘆不已。

https://www.youtube.com/watch?v=l0lcmo1qfn0

我們計劃打造一個空間，暫時名為「**滿竹安吉樂園**」，作為一個向公眾開放的另類教育場所，為不同年齡的學童提供新穎，刺激，具挑戰性的學習及遊樂環境。

樂園內建築全部以竹為主要材料，由滿竹跨世代的認證導師負責設計及興建。園內除了學習空間外，還會有露天劇場，會議/活動棚，樹屋（可供渡宿），飯堂/咖啡座，竹藝店，另類圖書館等設施，集教育，休閒，度假，靜修，及滿竹探險於一身。

第一章　以始為終　未完成的夢想

今天十歲的孩子，有機會活到一百歲開外。亦極有可能工作到七，八十歲，「退休」時已經是 2100 年前後。試想想，由現在到 2100 年，世界會有多大變化，科技會如何改變生活，社會將有多麼新的挑戰，？傳統以知識傳遞為本的學校，如何能準備他們應付這些挑戰？

我們覺得，另類教育要在下列幾項下功夫：

◆ 成長心態
◆ 好奇心
◆ 自主學習
◆ 童心創意
◆ 溝通能力
◆ 團隊合作
◆ 領導力
◆ 環保意識及生活習慣
◆ 公益心
◆ 國際視野

「滿竹安吉樂園」就是朝這個方向去開發我們的活動及設施。

夢想三：另類旅遊刷新香港旅遊業旅遊業

是香港重要經濟支柱之一。但像世界各地的旅遊業一樣，正面對史無前例的挑戰，特別在經歷了幾年疫情的洗禮後，脫胎換骨的改造成為了當前的急務。香港政府及本地業界亦經常發出改革的呼籲，但始終雷聲大，雨點少。

我雖是業外人，但亦察覺這既是挑戰，也是商機。兩年前，已和一班年青人創辦了一家社企，「樂遊仁」（Travel for Better），準備為改造旅遊業發揮一點牽頭作用。

我們希望設計一些有以下特色的一天或數天旅遊體驗：

- 環保 —— 從交通工具，到食物，景點及內容等
- 本地文化及民情 —— 包括與本地居民深度交流
- 社企 / 共益企業 —— 探訪，交流，互動
- 傳統工藝 —— 發揮創意親手制作紀念品
- 貢獻 —— 為本地弱勢社群作出貢獻
- 消費 —— 儘量減少無謂的購物及消費

我們短期有一個目標，便是打造一個「滿竹度假村」，所有設施都是用竹做主要材料，亦為住客提供滿竹體驗活動，包括搭棚，竹燈制作等。第一期計劃在「滿竹安吉樂園」內搭建樹屋，供 10 至 20 人度宿。

我們目前已牛刀小試，在梅窩搭建了一間竹屋，A-frame 設計，有新建的浴室，已可供旅客及家庭度宿。附近環境優美，可步行遊遍整個梅窩山谷，暢遊銀礦灣海灘，漫步梅窩舊村等。

長遠一點，我們是想帶頭興建一系列的度假設施，把香港打造成為「滿竹旅遊之都」，振興旅遊業的同時，亦可推廣環保生活實踐。

夢想四：進優運動大放異彩

大家應該知道我為何如此重視推動進優代替退休。事實上，過去多年來我不斷探索有效地推廣方法及途徑。挑戰是相當大的。

最新的點子，是成立一個線上與線下有機結合的「進優鄉村俱樂部」。

當然，我們並不是真的有一座會所，而是運用我們已有的滿竹基地，增加一些設施，為會員提供在郊外地區的聚腳場所。我們估計在一年內，可建成至少三個這樣的俱樂部設施。除了硬件之外，軟件更為重要。打算為會員提供以下服務及機會：

◆ 加入進優 WhatsApp 群組，方便發信息及會員間交流
◆ 「進優一分鐘」- 每天發放一篇一分鐘讀畢的短文，寓意每日一步踏上進優旅程
◆ 免費參加「8 小時進優過渡」課程，其中兩小時是線上學習，六小時是一整天的工作坊，在我們的會所進行
◆ 會員可升級為「超級會員」，條件是每月策劃一個活動給其他會員參加，與及每季度介紹至少一個新會員
◆ 以優惠價參加不同的滿竹認證課程，例如滿竹導師，建竹師，竹燈師等。取得認證資格後協助主持工作坊，將獲發津貼
◆ 免費在日間使用俱樂部之設施，包括招待親友；使用度宿設施則可享受優惠收費。

第一章　以始為終　未完成的夢想

總之，進優鄉村俱樂部是一個新型的組織，讓進優人士可以重拾童心，一起學習，一起造夢，一起創造奇蹟。

俱樂部現已開始運作，正在招收會員，有興趣的可聯絡我 kakuitse@gmail.com 或 WhatsApp97605718。

夢想五：共益企業遍地開花

https://www.youtube.com/watch?v=V-VFZUFJwt4

上面提過，我們的目標是 2026 年在香港達至 100 家共益企業。

我的夢想是在有生之年，達至 300 家。當然，我不知道自己有多長壽，假設在我 80 歲之前，達致 100 家，以後每五年增加 50 家，那麼我要活到 100 歲，才有 300 家。

這些數字本身不那麼重要，代表的是共益企業的成長，並因而產生愈來愈大的影響力，足以左右主流企業的生態，與及政府的政策。

夢想六：Movement Building Thin k& Do Tank

這個題目不容易翻譯，姑且暫用英文。

這個夢想十分重要，因為這與其他的夢想有關。

記得 70 歲那年，我舉行了生平第一次的生日會，主要是因為當時讀了一本書，New Power, by Jeremy Haimen and Henry Timms，介紹了在互聯網時代下，世界各地社會運動的趨勢，方法，挑戰，及對社會改革的重要性。

讀後才恍然大悟，原來我以前提及 movement（運動）的時候，意義是很糢糊的，一點也不精準。痛定思痛之後，我決定以後參與的所有項目，都必須用運動的角度來策劃及推行。

現在的挑戰，一方面我要堅持運用運動的方式來推動社會創新；另一方面，我希望能將這方面的經驗與更多的人分享，特別是從事社會創新的人士，若能讓他們也可以從運動角度來推動社會創新，則可以有更深遠的效果。

所以我現在有了一個新的夢想，成立一個 Movement Building Think & Do Tank。

不是 Think Tank 而已，因為只 Think 不 Do 是欠說服力的。

只 Do 而不反思及作經驗總結，也是不足夠。

所以我們需要又 Think 又 Do 的組織，能夠將理論與行動相結合，將實際經驗提升為行動指南，方便其他組織借鏡。當然殊不容易，且看在我有生之年可以做得多少。

以上就是我目前專注的六個夢想。

我不擔心到我離去時能完成多少。事實上何需擔心？能夠帶著未完成的夢想來離開這個世界是最奇妙的事。

第一章　以始為終　未完成的夢想

有一句話我是十分欣賞的：The universe is made of stories, not atoms.(宇宙是由故事構成的，而非原子。)

我們隻身來到這個世界，一百幾十年後，又會隻身離去。除了留下自己的故事外，便一無所有。

你可否助我一臂之力？

寫到這裡，突發奇想，其實讀者們也可以助我一臂之力的。為了方便大家作出貢獻，讓我告訴你我面對最大的挑戰，以下是舉其大者：

1. **當然是我的健康** —— 慶幸的是我仍然身壯力健，今日的體魄，與剛剛退休時差不多，但可以維持多久，始終是不能預測，所以有一種逼切感，只爭朝夕。

你可做甚麼？ 可能不多，但如有養生之道，不妨多與我分享。

2. **建立夢幻團隊** – 以上每一夢想，都要有一支有熱忱又能幹的團隊來貫徹執行，這是一件不簡單的事。但剛好要發揮我多年來的長處：發掘人才，善用人才，培育人才。

你可做甚麼？ 向我推薦人才，不論背景，學歷，工作經驗，只要有熱忱，有決心，有成長心態，當然也要有時間（全職或兼職參與），我都會樂意提供機會，讓他們加入夢幻團隊，一邊學習，一邊鍛鍊，一邊貢獻。

3. **運動與生意的結合** – 這可能是最艱巨的挑戰。很多人不明白，為甚麼我這麼重視這一點？主要原因是他們未察覺到運動的重要性。我多年來推動社會創新的經驗告訴我，若要創造巨大而深遠的社會效應，個

別組織（不論是 NGO，社企或公司）的力量是不足夠的，必須把它轉化為一個運動，才能產生重大的作用。

運動的特質，是可以動員大量的民眾以不同程度來參與，再通個他們影響及感染更多的人。同時，亦可以發動及組織數量眾多的義工，以不同形式來作出貢獻。即使如此，運動的持續發展，或多或少需要不少資源來維持。不少運動會尋求外界（例如基金會，企業，甚至政府）的資助，這本來也是無可厚非，但這些資助不容易獲取，即使獲得贊助，也不能保證能夠長期獲得這些資助。因此，我覺得有必要同時開發一門生意，創造收入與利潤，令運動的發展無須依賴外界的資助，滿竹跨世代正是嘗試以這個模式運作。

我說這是個挑戰，是因為以上的理據並不容易掌握，並不是夢幻團隊中所有成員都充份明白，往往產生一些不必要的矛盾，製造出一些可避免的麻煩，影响團隊的正常運作。

你可做甚麼？ 最大的貢獻，是協助我普及運動的意義及重要性。例如，你可以支持 Movement Building Think & Do Tank 的發展，參加有關的團隊或研究項目，或推薦別人參加，或以捐款方式支持等。

4. 保持專注 – 有一個危險，是不斷增加項目，力量變得太分散，顧此失彼。我得承認，我確有此傾向。所以已經特別留意，不輕易添加項目，而現有的項目中，又刻意找尋共通及產生協同效應的機會，冀能互補不足，相輔相成。但有一個情況，可能產生所謂 Happy Problem 的，即使難能可貴的問題，例如，由於我們做到一些成績，而被邀請在內地做推廣，雖說是顧問性質，但也會增添人才不足的壓力。可幸這問題還未出現，但不排除將會出現。

第一章　以始為終　未完成的夢想

你可做甚麼？最有效的方法，都是為我們發掘人才，讓我們加強及加快團隊的建設。

你的一臂之助，可能舉足輕重。如有提議，歡迎與我聯絡：kakuitse@gmail.com

後語

本文未發表之前，我曾向幾位友人徵求意見，得到一些十分寶貴的反饋。其中有一位分享了一個觀察，令我感到詫異。他說我在開頭時，提到會坦白到得罪人。他說我確是坦白，但不見得會得罪人。我的回應是，首先，我不是刻意想得罪人，只是害怕有些人讀起來覺得不舒服。假若要我劃龍點睛，便是這一句話：一個人每沒有夢想，何異行屍走肉？

其實我很現實，估計讀我這篇文章的有三類人。第一種是已經有夢想的人，讀後可能更擁抱自己的夢想，甚或定出更高更大的夢想。在另一個極端是第二類人，他們沒有夢想，無論怎樣也不會改變，甘心一生也不追求夢想，這篇文章對他們的作用也是微乎其微。

第三類人是兩者之間，他們暫時未必有夢想，但可能以前有過，亦可能希望有，讀過此文後會令他們多些思考及反省，說不定開始有他們的夢想。

第二章
觀念突破　十大突破點

1. 退休心態 vs 進優心態

退休心態	進優心態
一切慢下來，享受平靜清淡的生活	一切重新部署，創造更多姿多采的人生
不再工作，可能做些義工	繼續選擇性地工作，同時也做義工
沒有太大動機去學習新知識，新技術	從容地學習新知識，新技術，並尋求應用的機會
以退休金或積蓄來維持生活，不再追求新收入	以退休金或積蓄來維持生活，同時繼續創造收入
減少社交應酬，朋友圈子愈來愈小	結識新朋友，線下線下圈子愈來愈闊
有時間及精力去提升身心健康，達至延年益壽	有時間及精力去提升身心健康，延年益壽之餘，也可以對社會多作貢獻
對社會事務興趣減少，尤其是世界大事	更有心有力去關心社會事務，包括社區及世界大事
不再有夢想，亦覺得沒有精力去追尋	繼續有夢想，並有精力去追尋及實現
自覺人生的高峰已然過去	自覺人生的高峰有待追求

可以見得，退休心態與進優心態截然不一樣。

退休心態大多是習以為常的心態。前人都是這樣的，人們便傾向抱著同一心態，沒有去反思是否再適合時宜。例如今天的長者到達退休年齡的健康狀況，與上一代的差矩甚遠，為甚麼我們還要擁抱過時的心態？以上的對比，旨在令我們反省現有的心態，全面由退休心態過渡到進優心態。

2. 退休在人類進化過程中只有很短的歷史

一般人都沒有察覺到，其實退休在人類進化過程中只有很短，很短的歷史。

在農業社會，根本沒有退休的觀念，每一個務農的人，都是終生勞碌，做到老死的一天。直至工業革命的來臨，才出現翻天覆地的轉變。但退休的觀念，並不是馬上便浮出來，而是經歷了幾個世紀才出現。

西方工業國家最早提出類似現代退休制度的是普魯士的俾斯麥。他為了回應工人階級改善普魯士的俾斯麥：退休制度的始創者待遇及福利的要求，於 1881 年首次在國民大會上，提出了讓年長的工廠工人退下工作崗位而獲得國家提供的生活津貼。但法案直至 1889 年才獲通過，規定了年長工人可獲政府發津貼的年齡為七十歲，而當時一般人的預期壽命還不足五十五歲。這是十九世紀的末期。

這已經是工業發達國家的最早推出的退休制度。美國，英國，及其他歐洲國家更全無類似的制度。直至二十世紀初期，才陸續有不同形式的退休制度出現。

第二章　觀念突破　十大突破點

　　在美國，要等到三十年代經濟大蕭條才令政府有決心通過社會保障法案，讓廣大市民首次得到退休生活保障。跟著其他工業先進國家，陸續推出及不斷完善退休制度，而在第二次世界大戰後，世界各地才出現各種形式的退休制度。但以保障程度來說，當然遠遠不及西方經濟發達國家。即使在香港，號稱是世界金融中心，亦未有全民退休保障制度。

　　可以見得，從人類歷史角度來看，退休是一件新生事物。經歷了數個世紀的產業革命才催生了退休制度。工業革命促成了就業的改變，大量人口轉入工業生產。初期的工廠，不單是環境惡劣，危險而不衛生，更是勞動力強度甚高，年長的工人生產力顯然不及年輕的工人。慢慢地政府發現即使提供生活津貼給年長的工人，不用他們工作，讓位給較年輕力壯的工人，從整體經濟來看仍是化算的安排。

　　但當工業社會走向服務業及資訊業的過渡，習以為常的六十歲左右便退休變得不合時宜。新時代的工作，再不需要大量的體力勞動，一般人的健康及預期壽命亦已完全改觀，退休後往往有三，四十年的日子，與工作階段的歲月不相伯仲。

　　顯而易見，時代在變，社會在變，退休這觀念也值得重新檢視。

它在人類近代史中曾經切中時弊，發揮過積極作用，但現在已面臨進入博物館的邊緣。另方面，進優的生活方式，正漸漸取而代之。

大文豪雨果有一句名言，正好勾劃出這個現象：There is nothing more powerful than an idea whose time has come.（當一個理念切中了時代的需要，它的威力是無以倫比）

3. 摒棄二十世紀「三段式人生」的範式

自從退休制度慢慢在二十世紀成熟起來，便出現了支配著整個世紀的一種範式（paradigm），即所謂「三段式人生」：教育－工作－退休。一個人出生之後大約二十年的時間，主要是接受教育；然後便是工作；跟著便是退休。

久而久之，大家習以為常，彷彿這就是自然不過的事。

生活在二十一世紀，便必須摒棄這思想。在今天，不是這三個階段完全消失，而是出現了巨大的變化。

首先，再不是只有三大階段，而是每一階段都有很多小階段。

其次，這些大小階段不再是單純的線性發展，而是交錯而成。例如，在求學階段，不必十多廿年不間斷地學習，期間可以停下來一段時間去工作，之後再求學；又或者「休學」一段日子，之後在求學。

在傳統的工作階段，亦可以不時停下來學習，或「脫產」一段時間，再重新工作，即所謂 Sabbatical leave。

到了所謂「退休」階段，又可以部份時間用來求學或工作，毋須甚麼都停下來。

第二章　觀念突破　十大突破點

總之，要大胆地擺脫「三段式人生」的束綁，重新部署整個下半生。

對於踏入進優階段的朋友，要有心理準備，這再不是傳統意義的退休，因為會包含不同形式式的學習，與及各種形態的工作，也當然有多姿多采的休閒時間。可以肯定的，就是會跟「三段式人生」中的退休生活截然不同。

4.「人生新藍圖」的啟示

時至今日，人人都親眼見到，一般人的壽命確實延長了很多，這已是不爭的事實。但是大家可能沒有想過，究竟延長了多少？与及這個「量變」會否導致「質變」？

2020 年十月，斯坦福大學的長壽研究中心（Stanford Centre for Longevity）發表了一份研究報告（只有十六頁，值得細讀），題為「人生新藍圖」（New Map of Life），就是探討這個量變与質變。https://longevity.stanford.edu/wp-content/uploads/2022/04/Short-Report-2.pdf

首先，這份報告為量變提供了一些頗為駭人的統計數字。原來在整個二十世紀，即 1900 至 2000 這一百年，人類普遍壽命大約增加了三十年，從 1900 年平均壽命三十至四十提高至 2000 年的六十至七十。這是人類歷史上從來未出現過的現象。而且這個趨勢會繼續維持，二十一世紀過程中，人類壽命会繼續延長，說不定又是三，四十年。

4.「人生新藍圖」的啟示

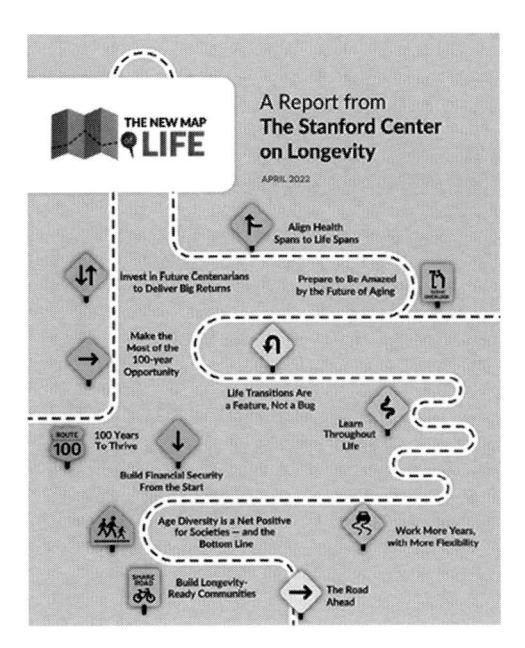

這帶出一個有趣的問題。

既然大多數人的壽命都延長了這麼久，這額外的三十年去了那裡？

原來都不自覺地把它放在人生最後的階段，即退休之後。所以現在很多人，到了退休年紀突然察覺還有三、四十年壽命，往往有点不知所措。

斯坦福大學這份報告書，明確指出這並不是運用這些歲月的最佳方式。他們提出「人生新藍圖」，就是提醒世人要用全新的角度去看待這前所未有的長壽人生，具體而言，是必須拼棄支配着二十世紀的「三段式人生」模式，而要重新規劃整個近百年的人生。這就是所謂人生新藍圖。

這個所謂新藍圖，並不是有明確步驟及細致的規劃，而只是一些基本原則，方便大家用自己的方式來想像及設計人生，包括下列各點：

第二章　觀念突破　十大突破點

1. 出生在二十一世紀的人，很大機會活到一百歲開外，這和上一世紀的人截然不同。

2. 不應等到退休之後，才去享受不斷增加'額外'壽命，因為這可能是三十至四十年。

3. 假設你有額外三十年壽命，分成十份的話，便等於每十年便有三年，人生不同的階段中可以好好來運用這三年。

4. 例如童年，不必像過去一樣，急急完成幼稚園便馬上讀小學，然後又急急上中學。大可以慢點來，花上五至六年去享受幼兒教育，或是乾脆不上幼稚園，或是參與類似「安吉遊戲」的課程，何需為所謂起跑線費心？

5. 可以預料，小學及中學將會出現空前的變革，因為現有的制度是二十世紀的產品，與廿一世紀的社會，經濟，政治，科技變化愈來愈脫節。世界各地都出現愈來愈多中，小學生拒絕上學的現象。會變成怎樣，現在言之尚早，但肯定的至少有兩點：一是會讓學生有更多空間自主學習；二是有更多「項目為本」(project based)的學習，將知識的吸收與解決問題結合起來。小學及中學極有可能分別延長至八至十年。

6. 不論在中學，大學，以至研究院階段中，各種形式的「間隔年」(Gap Year)將會大行其道，這可以是休息，旅遊，反思，工作，當義工，學一門手藝，創業等，都會成為年輕人成長的一部份。反正百歲人生有的是時間。

7. 始終都會有工作謀生的時間，但也可以用全新的角度去看待。首先，不應像上世紀一樣，一做便不停下來，一直到退休。大可以每做一段時間，便停下來一，兩年，可以重新學習，或旅行，或照顧家人，或

當義工等。其次，也許是更重要的，是可以支配自己的時間，去思考重要的人生問題，包括甚麼是最理想的工作，甚麼是最大的熱枕，甚麼是最有意義的人生等等。

8. 百歲人生會否都有退休的一天？有，但也可能跟過往的很不一樣。甚麼是退休年齡？愈來愈說不清。官方的退休年齡肯定會與社會實際情況脫節。反正可以根據自己的健康狀況，經濟條件，興趣及經驗，來決定跨越了制度上的退休年齡後做些甚麼事。可能是繼續工作，全職或兼職，或是學習新的技能，或是從事教學培訓，或是參與義務工作，旅遊或到外國長住或短住，甚至創業，從政，探險等。簡直是海闊天空。

9. 當然還有一個選擇，就是進優。

已經到達進優年紀的人，看到這份報告書的分析及結論後，第一過反應可能是：

「遲看了！今生已過了一大半，若有機會重頭來過，一定會有很不一樣的人生。」

請不要灰心，因為兩個原因。第一，假若你剛開始搭入進優階段，你還有一段頗長的人生，至少有三十，四十年，仍然可以有無限可能。第二，這是通常會被忽略的一點，就是你可幫助你的子女或孫輩，造就更燦爛的人生。因為假若你現在才接觸到「人生新藍圖」這意念，很大機會你的兒孫輩還未聽過。事實上，這概念對年紀愈輕的人所產生的作用也至為宏大。你的使命是讓他們深入了解人生新藍圖對他們的人生有甚麼啟示，能做到這一點，將是你帶給他們最大的禮物。

5. 要準備工作到八，九十歲

這可能是你最不願聽的突破點。

要記住，這是進優的世界，不是舊式的退休生活。

但確實可以問：為甚麼這麼高齡還要工作？甚麼工作？不工作又如何？

我們可以分三個小階段來了解：65-75 歲。76-85 歲，85 歲以上。

65-75 歲：這是剛過退休年齡的第一個十年。對於大部份的人來說，健康程度絕對可以繼續工作，事實上，現在已愈來愈多人延遲退休，或離開原來的職位，轉做其他的工作。這是無可厚非，而且是值得鼓勵的。即使是延遲退休到 75 歲，亦大有人在。

但在這階段，不妨多做兩件事：第一，抽一段時間出來，甚麼也不做，感受一下休閒的樂趣，或者與心愛的伴侶，享受一個特別長的海外假期。第二，也是需要將工作暫停下來，用數個月甚至一年時間，反省一下數十年來的生活，理順一下自己的價值取向，重溫一下自己的理想及夢想，思考一下人生未來階段應做甚麼，可做甚麼。簡言之，是投資一段時間計劃自己應否進優，如何進優。

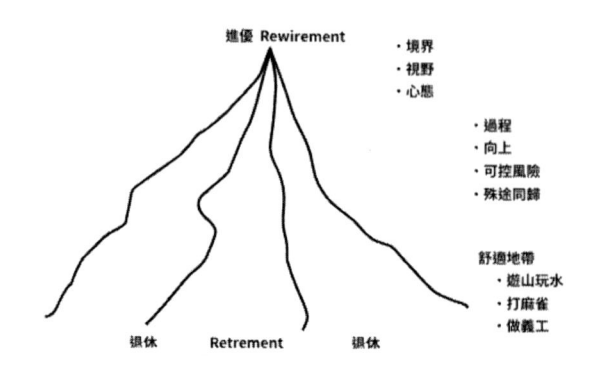

```
         進優 Rewirement
              /\
             /  \          ・境界
            /    \         ・視野
           /      \        ・心態
          /        \
         /          \       ・過程
        /            \      ・向上
       /              \     ・可控風險
      /                \    ・殊途同歸
     /                  \
    /                    \   舒適地帶
   /                      \   ・遊山玩水
  /                        \  ・打麻雀
 /                          \ ・做義工
退休     Retrement      退休
```

5. 要準備工作到八，九十歲

76-85 歲：這是進優階段中的黃金時段。要做些甚麼及如何做，皆取決於前一階段的思考及計劃。這期間會不會部份時間工作？也受你希望如何進優所左右。

但有很大機會你會繼續工作，可能是受薪的，或是非受薪的。即使是有收入的工作，也可能跟你以前創造收入的方式有所不同。最理想的，是能夠創造到所謂 Income with impact，即是說，一方面有收入，但同時又對社會有積極效應。要記住，在這階段中，你不會單是工作，而是會有相當多時間享受閒遐，包括發展個人興趣，旅遊，提攜後輩等。同時，你亦會不斷吸收新知識，新技術，新學問，體現著終身學習。特別是為了創造 Income with impact，你可能要掌握一些全新的技能。這與做義工有所不同，因為當義工主要是無償地付出時間，而前者則需要先掌握技術，再通過實際應用來創造收入。

85 歲以上：是否還會繼續工作，肯定會因人而異。主要受三個因素所決定。

第一，是 65 歲至 85 歲期間的經驗，是否感覺愉快及有意義，如是正面的話，那繼續下去的機會便很大。

第二，是健康情況。假若仍然精力充沛，行動自如，那繼續做少量的工作應不成問題。

第三，是有否經濟上的需要。進優人士的經濟條件當然差異很大，一般可能沒有太大壓力要通過工作來維生，即使創造了收入也只是像多了點零用錢一樣。但對於少數進優人士來說，到了八十歲以上，反而可能有一些經濟壓力。在日本，便出現了不少所謂「下流老人」，不是賤格下流的下流，而是指一些長者因為太長壽而收入不敷支出，變得經濟條件愈來愈向下流。所以不能排除有些進優人士年紀愈高愈有經濟壓力繼續工作。

第二章　觀念突破　十大突破點

總的來說，六十五歲以後的三數十年，不應把工作當成是苦差，而是可以令你的進優生活更充實，更豐盛，更能創造意義，甚至可以創造收入，包括 Incomewithimpact。這些工作不一定是全職，更大機會是兼職，或是彈性上班，或是項目形式，或是在家工作等。況且，工作會與休閒，學習等活動交錯進行，多姿多彩之餘，亦是有益身心健康。

6. 終身學習究竟要先學甚麼？

管理學大師杜魯克（Peter Drucker）1909 年出生，2005 年離世，終年 95 歲。他晚年有一觀察很有時代意義。他說，

"People now have two lives, life one and life two. And they are over-educated for the first half and under-prepared for the secondhalf, and there is no university for the Second half of life."

意思是人們現在有兩段人生，第一及第二人生。第一人生受的教育似乎過多，第二人生卻全無準備，至今還未有為第二人生而設的大學。

時至今天，一般人對「活到老，學到老」的講法已很少會表示不同意。但所謂學到老，通常是指學一些增添生活情趣的東西，例如學書法，攝影，電腦，音樂，球類等，或是念一個理財，中醫，哲學的課程。所有這些確是在進優過程中可以學習的，但這和杜魯克所說的有很大的分別。他認為現代人的第二人生是「全無準備」的，因而他們首先需要的，是能幫助他們為第二人生作準備的教育，這就不是單純掌握一些新知識及新技能所能滿足的。

杜魯克感覺到需要有嶄新的大學來為第二人生作準備。可以見得這是多麼重要及艱巨。很可惜，世界各地直至今天還未見到有這樣的大學出現。也許你會問，香港不是已經有「第三齡學苑」，「長者學苑」，「活齡學苑」等？不錯，這些由大學或志願機構創辦的學苑已存在已久，但它們的課程主要是興趣性科目，與杜魯克所說的為第二人生作準備的教育相差十萬八千里。

　　以下的一個例子來自哈佛大學，是最接近杜魯克希望大學能為進優人士提供的教育。

　　這個故事要從 1908 年說起。這一年，哈佛大學破天荒地成立了哈佛商學院。今天，差不多所有大學都有商學院。但在 1908 年，這是個創舉，因為這是第一家，而且備受爭議。大學在當時一般人心目中，是彷似象牙塔，為何要把商業課程納入高等學府內？後來証實這是哈佛大學領導層高瞻遠矚的表現，因為他們洞悉到整個十九世紀經歷的巨大轉變，商業及企業規模愈來愈大及複雜，非要有受過高深教育的人來領導不可。

　　2008 年，是哈佛商學院一百週年紀念，當然值得慶祝。但大學領導層並非只是想大事慶祝，而是值此機會反思一個深層次問題。假若哈佛商學

第二章　觀念突破　十大突破點

院的創立，是基於對十九世紀巨大轉變的回應，那麼，整個世界在二十世紀的變化比十九世紀更不知大多少倍，哈佛大學在廿一世紀初又應該有甚麼回應？具體地說，是否也需要創辦另一具前瞻性的學府？

於是在哈佛商學院百週年紀念前十年，大學當局成立了一個精英小組，由當時的商學院院長擔任組長，計劃用幾年的時間來深入探討這問題。作為局外人，我們無法知道小組最後的建議，但在 2008 年，哈佛大學宣佈創立一個嶄新計劃，名為 Advanced Leadership Initiative（ALI），（我發覺無法準確而傳神地翻譯，還是用英文吧），可能需要幾十年後，我們才會知道這是否會像哈佛商學院一樣的劃時代創舉。

ALI 是一個一年制的課程，其中至少三個月是要住在大學附近的。最特別的地方，是只接受退休人士參加，具體要求如下：

- 必須有至少 20 年高層管理經驗，在商界或公益界有顯著的成就，並曾引領創新項目
- 有熱枕去嘗試為當前社會的一些具大議題尋找解決方案
- 願意身體力行，排除萬難，創造有規模的成果
- 有能力接受及運用哈佛大學提供的訓練，資源及網絡
- 全程投入整個課程及完成所有指定學習
- 參加此課程時不可以有全職工作
- 十二個月內必須草擬一份行動計劃書

這是一個嶄新的課程，大學方面全無經驗及先例可援。至今已舉行了十六屆，過程中作了很多的改動，但宗旨及目標絲毫無變。

值得指出，哈佛大學未開啟此課程前，曾搜尋過有沒有其他大學提供類似的計劃。結果是完全沒有。有的僅是為長者而設的一些興趣性的

課程，或是接受長者修讀一些本科或研究院的學位課程。

總之，哈佛大學覺得今時今日的大學，要為長者提供一些能讓他們重新策劃下半生的課程，這和杜魯克所言需要有為第二人生的大學何其吻合，只不過這課程是在一間現有的大學內進行，而非另外成立大學。

事實上，在 ALI 啟動了不久，該課程的創辦人及主任，Rosabeth Moss Kanter 教授，接受訪問時慨言，她的願景就是終有一天，所有的大學都提供這類的課程。

7.Income With Impact

這個標題亦是無法貼切地翻譯。Impact 的意思是效應，通常是指對社會或生態環境的正面效應。Income 是收入。Income with Impact 即是在創造收入的同時又對社會或生態環境產生積極而正面的效應。所以簡單地說，就是為自己創造收入，但又同時造福社群。

你也許會問，是否真的可行？

讓我用一些具體例子來回答你。以下全部都是廣為人知的真人真事。

- Irene 是一家大型流動電話公司的市場營運總監，她的公司從第一屆起便是黑暗中對話所策劃「**暗中作樂**」（Concert in the Dark）的贊助商。因為這個關係，她開始接觸到社會企業。後來她提早退休，通過公開應徵，受聘成為全港最大的社會企業「平安鐘」的行政總裁。
- 無獨有偶，Irene 離任前，委派了另一位高層同事 Cora，繼續支持及贊助「暗中作樂」，這讓 Cora 有機會體會到黑暗中對話的巨大社會

第二章　觀念突破　十大突破點

效應。幾年後，還未到退休年齡，她毅然辭去高薪厚職，加入黑暗中對話協助市場推廣，最後成為了行政總裁。

◆ Yetty 長期服務於一家跨國公司，在她考慮退休的一年，在電台節目中聽到關於進優的介紹，她馬上聯絡講者，並同年參加了一個為期九個月的「進優行動計劃」。在學習過程中，接觸到共益企業的全球性運動。她參加了一個「共益企業台灣學習團」，參觀了十三家共益企業，百聞不如一見。回港之後深入鑽研共益企業，並成為了「港澳共益實驗室」（B Lab HK & Macau）首位全職僱員。

◆ MH 是一位專業社工，服務長者數十年。她最大的成就，是開創了一個創新計劃，運用「時間銀行」的理念，去組織年紀較輕而身健力壯的長者，去提供服務給其他長者。在香港，這是個切中時弊的創新，讓長者可以互相照顧，但不是單純的義工服務，而是可以根據提供了的服務時數，以「時分」的形式累積下來，他日可以換取自己需要的服務。三年前，MH 退下全職工作火線，但沒有停下來，反而在不同的地區，通過免費及收費的培訓及顧問服務，協助其他組織建立以時間銀行為基礎的長者服務。

◆ Kan 是個多才多藝的工匠，但從來沒有想過可以藉這些興趣來維

生。早年參與父親創辦的布業生意，後來又當過地盤工人，跟著又專心學習有機耕種，在新界一個偏遠地方習農。就在這時接觸到「滿竹跨世代」，很快便愛上了竹，亦發覺自己能將以前所學到的種種工藝，都可以應用在竹的建設上。他現在是「滿竹跨世代」的 Chief Technical Officer，雖然不是真的一份職業，但每月也有一個固定的收入，與及參與個別竹建項目的津貼。

- Gilbert 畢業於香港大學，主修社會工作，但畢業後一直沒有從事與社會工作有關的行業，反而三十多年來一直在商界打滾，主要做市場調查及推廣的工作。年近退休之際，接觸到社會企業及社會創新，有點相逢恨晚的感覺。但可能由於早年社會工作訓練的關係，很快便掌握到竅門，並長期為「仁人學社」任義工導師。後來更毅然離開商界，全力推動社會創新及共益企業，更成為了「仁人學社」的 CEO 及首席顧問，開展另一階段的事業。

可以見得，創造 Income with Impact 可以有無數的形式：全職，半職，兼職，散工，自僱，創業，顧問形式，項目形式等等皆可。關鍵是既有收入，又有社會效應。這與義務工作有很大的分別。我們並不反對義務工作（有時這是達至 Income with Impact 的必經之路，而且任何時間都可以做義工），但分別在於若能創造收入，代表著人家肯定你的貢獻，你也需要掌握新的技能，或將已有的技能在新的領域上發揮。

我聽過一個說法頗有啟發：「當義工是在舒服地帶中作貢獻；創造 Income with Impact 則是跳出舒服地帶來作貢獻。」

8. 人生下半場是決勝時刻

推廣人生下半場這概念最得力的一本書，要推 Bob Buford 所著 Halftime: Moving From Success to Significance，(1995 年初版，2015 年最新版)。

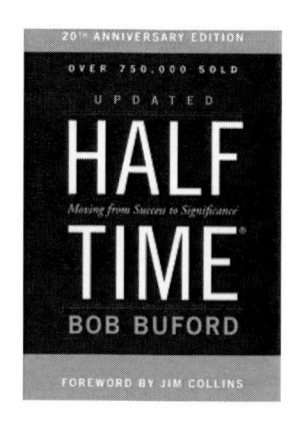

作者是一位成功的商人，是美國有線電視的創辦人。他用球賽作比喻，認為人生基本上是兩個半場。上半場無論有甚麼結果，但還未完場。關鍵在下半場，勝負只會在下半場出現。

書的副題是 Moving from Success to Significance。

Success 是指成功，對大多數人說就是事業，財富，名譽，地位等。作者認為，在上半場追求這些是無可厚非的，但在下半場，追求的卻可以完全不同，應以 Significance 為焦點，後者所指的是超越個人得失的意義，包括抱負，理想，對社會的貢獻。

作者又指出，上半場與下半場之間有一個空間，亦是異常重要。在球賽中，這是中場休息時間，但這並不是單純的休息，而是反思，檢討，總結經驗，重新部署的關鍵時刻。教練亦會在這時反饋，提點，激勵等。

這帶出一個重要的信息：上半場與下半場之間是有一個過渡期，作用正是反思，檢討，總結經驗，重新部署。

這個過渡期應有多長？很難說，亦肯定因人而異。但若用足球比賽作參考，全場 90 分鐘的比賽，中場休息是 15 分鐘，大約 16%。若以人生 100 歲來計算，16% 是 16 年，當然是太長。但很多人在上，下半場間，完全不停下來思索，反省，重新部署，亦是另一個極端。根據我的觀察及經驗，我會建議用一年的時間，即 100 歲生命的 1%，來作為過渡期。12 個月，說長不長，說短不短。正好可以不慌不忙地回顧上半場，檢討及欣賞得失，重新思考探索未來，為 moving from success to significance 作部署。無獨有偶，最近察覺到一本新書，David Brooks 所著，The Second Mountain: the Quest for a Moral Life。中文書名是：第二座山：當世俗成就不再滿足你，你要如何為生命找到意義？

作者指出，一般人從畢業到求職或創業，以為開始爬上人生的高峰，而這座山峰的頂端，就是多數人一般認知的幸福：獲得成功、發揮才能及體驗個人幸福。

但當他們到達頂端，環顧四周找尋最棒的視野時，卻始終無法滿足，因為人們意識到這不是屬於他們的山頂，遠方還有一座更大的山，就是所謂的「第二座山」。所以人們開始了全新的旅程，在第二座山上，人生的目標從以自我中心轉向到以其他目標為中心，他們尋求真正值得追尋的事物，擁抱相互依存的生活。

作者探討重新定義生命意義和目標的四大承諾：對配偶和家庭承諾、對事業承諾、對信念或信仰承諾，以及對群體和社會承諾。透過這四大承諾將幫助人們重尋更有意義的生活，唯有翻越自我倚靠對他人的承諾，為其投入努力與付出方能爬上幸福的第二座山，發現充實、滿足和

第二章　觀念突破　十大突破點

快樂的人生。

　　Halftime 與 TheSecondMountain 殊途同歸，亦引証了前面所說，人生的高峰往往是在下半場出現，但關鍵是能由退休過渡到進優。

9. 進優歲月漫長，無法避免面對人生意義問題

　　且先看看以下一些事實與最趨勢：

- 在經濟發達地區（包括香港），退休人士修讀哲學課程與日俱增
- 資訊爆炸幾何級增長，世界各地天然及人為的災難撲在眼前，幾乎是無日無之
- 科技及社會變化急速，下一代何去何從？長者又如何應對？
- 進優歲月漫長而且不斷延長，「三等」時間（等食，等睡，等死）愈來愈難受

- 不少高齡化的社會，都出現了所謂「下流老人」，不是賤格下流的下流，而是因為愈來愈長壽，但經濟條件不足應付長壽的需要，而導

致生活環境走向下流。2020 年，日本的下流老人的數目，估計超過長者人數的 15%
- 長壽並不等於一定健康，更並不一定快樂幸福，有些長者會有生不如死的感覺，質疑為甚麼要活得這麼久
- 在多個高齡化的社會，長者自殺率不斷攀升，已成為各個年齡群之冠。在美國，2024 與 2021 比較，65 或以上長者自殺率增加了 8。1%，其中以 75 歲以上的最高

自古以來，人生意義是個困擾人類的老問題。

先民時代，人人為了生存忙過不了，沒有時間及精力去探索人生意義。

一直到了經濟活動能養活一些不用工作的人，才開始有智者有空閒時間去思考這個問題。跟著的數千年，人生意義的探討是學者，哲學家，聖賢的專利，一般人覺得既無時間，又缺乏智慧去探索這個複雜艱深的課題。

但今時不同往日。隨著教育的普及，資訊的發達，一般人不需要接受過高深教育或專門訓練，都可以自行思考及探索人生意義的問題。只要稍為鑽研，他們亦可以很容易地便發覺，原來數千年來古今中外哲學家的努力，也沒有找到有共識的答案，仍然是各有各自的觀點及解說。

最大的共識，可能就是：生命本身可能沒有意義，你賦給它意義便有意義。

總之，踏進了 21 世紀，大多數人有機會活到接近一百歲。五十至六十歲開始進優，人生下半場至少也有 40 至 50 年，無法避免面對人生意義的問題，愈早面對，愈早肯定意義所在，進優的生活也更加豐盛，更加精彩。

第二章　觀念突破　十大突破點

10. 從人工智能（AI）看 ReWirement

　　ReWirement 作為一個全球性的覺醒運動，並有機會取代退休，已是有目共睹。但畢竟是一個比較新的觀念，反映在至今 Wikipedia 仍然未有 ReWirement 的介紹。（可能這亦反映出維基百科追不上時代）。

　　於是我便到目下異常矚目的人工智能搜尋器看看有甚麼信息。出乎意料之外，差不多每一個都有相當準確的描述。以下是 Chatbot AI 的介紹：

　　"ReWirement is a concept that focuses on actively rewiring or reprogramming your brain to adapt to new challenges, opportunities, or situations. It involves changing your mindset, habits, and behaviors to promote personal growth, fulfillment, and resilience. ReWirement encourages individuals to embrace lifelong learning, curiosity, and self-improvement to thrive in an ever-changing world"

　　我的翻譯是：

　　進優的意思，是主動地重新調整或扭轉腦筋，去接受新的形勢，機會及挑戰。這包括改變心態，習慣，行為，以促進個人成長，滿足感，及適應力。進優鼓勵人們擁抱終身學習，好奇心，自我改進，在這過多變的世界中活得更精彩。

　　我跟著在同一 AI 平台查問 Retirement 與 ReWirement 有何分別，答案令我更為驚喜，由於比較詳盡，不作翻譯了：

　　Retirement and ReWirement are two contrasting philosophies regarding the approach to life after leaving traditional employment.

Here are some key differences between the two concepts:

1. Retirement: Retirement traditionally involves withdrawing from the workforce and taking a break from the demands of a full-time job. It is often associated with relaxation, leisure, and enjoying the fruits of one's labor after years of work.

ReWirement: ReWirement, on the other hand, is more focused on active engagement and growth in various aspects of life after leaving the traditional workforce. It involves continuous learning, personal development, and seeking new challenges and opportunities.

2. Mindset:

Retirement: The mindset associated with retirement may be more passive, with a focus on relaxation and enjoying leisure activities.

ReWirement: The mindset in ReWirement is proactive and growth-oriented, with an emphasis on staying mentally, physically, and emotionally engaged in life.

3. Activities:

Retirement: In retirement, individuals may choose to pursue hobbies, travel, spend time with family, or focus on relaxation and leisure activities.

ReWirement: ReWirement involves actively seeking new experiences, learning new skills, volunteering, mentoring others, or pursuing new passions and interests.

第二章　觀念突破　十大突破點

4. Purpose:

Retirement: Retirement may be seen as a time to rest and enjoy the fruits of labor without the pressures of work.

ReWirement: ReWirement emphasizes finding new purposes, setting goals, and making a positive impact through continued personal growth and contribution to the community.

Overall, while retirement is about taking a break and enjoying life after a career, ReWirement is about reinventing oneself, continuing to grow, and staying actively engaged in life's opportunities and challenges.

這是相當精準的描述，亦可以見得，至少在英語世界，ReWirement 已日趨成熟，假以時日，不難真的取代退休，我們大可推波助瀾。

順便一提，我本來是很抗拒新的電子媒體的，很遲才用手機及社交媒體。但發覺人工智能確實威力太大，不能不掌握，已用了港幣三百元成為 ChatbotAI 的終身用戶，進優人士不得不考慮上車。

十大突破點一覽圖			
1. 退休心態 vs 進優心態	2. 退休在人類進化過程中只有很短的歷史	3. 摒棄二十世紀「三段式人生」的範式	4.「人生新藍圖」的啟示
5. 要準備工作到八，九十歲	進優取代退休十大突破點		6. 終身學習究竟要先學甚麼？
7. Income with Impact	8. 人生下半場是決勝時刻	9. 進優歲月漫長，無法避免面對人生意義問題	10. 從人工智能（AI）看 Re-Wirement

第三章
行動指南　始於你足下

第三章　行動指南　始於你足下

本章的主題是行動指南，但關鍵詞是行動。

指南是必要的，但行動的意願及決心更為重要。因為即使有最好的指南，沒有行動也無補於事。

過去幾年間，我目睹不少朋友，接觸到進優這概念後，遲遲沒有行動，令我沮喪不已。我為此寫下了這幾句說話：

知而不行是弱者。

行而不知是莽者。

不知不行，何異行屍走肉？

知行合一，海闊天空！

以下的指南，是為了想行動的人而準備的。

值得指出，這個指南並不是教科書或天書，所介紹的亦無科學根據或大量數據所支持，不能說有任何權威性。僅是本人根據自己的經驗與及十多年來的觀察，整理出來的一些參考資料。絕無意鼓勵大家依書直說，不加思量便付諸實行。相反地，大家可以將這裡的提議作為思考的刺激，自己去探索適合自己條件及機遇的行動策略及步驟。

亦因如此，進優的過程因人而異，並無固定的途徑可循。

這裡介紹八個行動，本身無先後之分，大家可以選擇用甚麼次序來閱讀及嘗試採用。我把它們放在圓型的圖像中，是想突出有可能反覆使用，或每次運用的層次也可以不同。

1. 化心態為行動

上一章介紹了進優心態,現在演譯有關行動:

一切重新部署,創造更多姿多采的人生	關鍵在重新部署,不讓過時的退休觀念及行為所支配
繼續選擇性地工作,同時也做義工	不要急於從現有工作退下來,可能範圍內與僱主商討彈性安排,包括改變工作性質及時間等;開始探索甚麼義工最適合自己
從容地學習新知識,新技術,並尋求應用的機會	要把掌握新知識及技術當作為創造新的謀生資產
以退休金或積蓄來維持生活,同時繼續創造收入	關鍵在創造收入,不一定要多,最好是運用新掌握的知識及技術創做出來的;不論有多少積蓄,醫療保險不可缺少
結識新朋友,線下線下圈子愈來愈闊	新朋友中最好有進優人士,不認識便設法去找,參加進優活動,線下線下都可以
有時間及精力去提升身心健康,延年益壽之餘,也可以對社會多作貢獻	身心健康包括體魄健康及心理健康,同樣重要,多運動(最好包括群體運動),注意飲食(不坊試驗素食),減少(戒更好)煙酒,定期做身體檢查。
更有心有力去關心社會事務,包括社區及世界大事	除了選擇適當之媒體,留意動態及靜態的本地新聞,也值得訂閱一份國際性的刊物,保持國際觸覺,同時,每年至少閱讀一,兩本書

第三章　行動指南　始於你足下

繼續有夢想，並有精力去追尋及實現	夢想不怕多，不怕大，關鍵是有焦點，有社會價值。要勇於與他人分享，聽取別人意見，因為你如果真的要實現夢想，必須找到志同道合的人才能成事
自覺人生的高峰有待追求	要記得，生命的最高峰往往在人生下半場出現

2. 學習感恩

你也許覺得奇怪，為甚麼要學習感恩？不是每個人都懂嗎？不錯，我相信每一個人都應該有感恩的體會，這裡想大家更進一步：每一分一秒都心存感恩。在進優的漫長歲月中，這心境極其難能可貴。

我的靈感來自一個 TED Talk。和大家一樣，我從 TED Talk 中學了很多東西。但若你問我所看過的那一個帶給我最深遠的影響，我便會說這個：Want to be Happy? Be Grateful

https://www.youtube.com/watch?v=UtBsl3j0YRQ3

2. 學習感恩

講者是一個 90 多歲的高僧，Brother David Steindl-Rast，本屬天主教，但最大的貢獻是推動不同宗教的溝通及合作。

為方便起見，以下用第一身來介紹內容：

人人都想得到快樂，這可能是全人類共通的地方。但快樂是一件事，感恩是另一件事。兩者有何關係？很多人快樂時會感恩，但又並不一定；很多人雖然快樂，但不覺得感恩。不過，感恩的人都會同時快樂的。所以，若你想經常快樂，關鍵在於無時無刻都感恩。

話又得說回來，何謂感恩？不同人可能有不同理解。我提議一個說法，希望你會接受。我認為一個人感恩的時候，會有兩個條件同時出現：一是得到一些（或一件）很想要的東西，二是竟然不費分毫得來的。這樣的情況下，你就會心懷感恩。

舉例說，你很想要一部名貴跑車，終於買到了，你可能很快樂，但不會覺得感恩，因為你化了很多錢去購買，不是不費分毫的。

但世界上會否真的有很多人都渴望得到的東西，又不費分毫的呢？

有，是時間。人人都渴望有時間，我們天天都得到，是不費分毫的。

果真如此，應該人人都會經常感恩，何以又不見得？

原因是這樣的。不錯，每個人都每天免費地得到 24 小時，但一般人只表面上見到時間，而沒有察覺到這其實代表的是**機會**。每天我們得到的是 24 小時的機會，是免費的，供我們隨意的使用。多麼的難得！多麼的值得我們感恩！

我就是想帶給大家這個信息：每天，每一分，每一秒都是機會，讓我們去掌握及運用。進優的幾十年光景，若能抱著這心態來享用，你會

087

第三章　行動指南　始於你足下

無時無刻都感恩。

我自從熟讀這個 TED Talk 之後,看這個世界也出現很大的變化。每天起來,我會憧憬怎樣運用這 24 小時的機會,如不好好地去運用,我會感到很可惜。

我亦經常跟其他人分享,有些朋友告訴我,有了這個心境之後便不再把過日子視為苦差。

總之,我建議大家仔細看這 TED Talk。看看會否令你感恩不已。

3. 參加一個為期六個月的過渡計劃

上一章提到杜魯克所說過:

「人們現在有兩段人生,第一及第二人生。第一人生受的教育似乎過多,第二生命卻全無準備,至今還未有為第二人生而設的大學。」

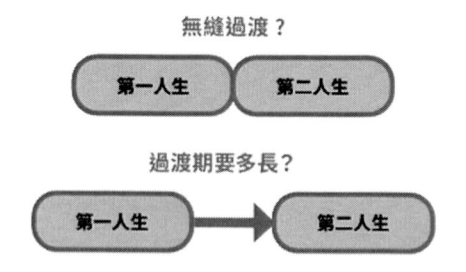

無縫過渡?

第一人生　第二人生

過渡期要多長?

第一人生 → 第二人生

為了準備第一人生,人們往往接受十多年教育。但進入第二人生卻一點準備都沒有。

過渡期有多長,當然因人而異,很大程度要看過渡期做些甚麼,這又沒有標準答案。基本上,這是現代人的新挑戰,所以杜魯克也希望有

新型的大學，來協助愈來愈多邁向第二人生的人之需要。

世界上沒有的東西，我們可以自己開發出來。大約五年前，我和一班即將進入第二人生的朋友，創辦了一個為期九個月的「進優行動計劃」，有二十個人參加者。

所謂九個月，其實是每個月一個整天的工作坊，加上一些專題講座，社企探訪等，內容多姿多采，並為此特別編寫了一本 ReWirement Handbook，最後的一個月，更組織了一個四日三夜的台灣共益企業考察團，大開眼界之餘，亦增進了感情及友誼。

由於是首次舉辦，有很多值得改善的地方，特別是名為九過月，給人印象很長，不方便吸引參加者。經過深刻檢討及總結經驗，打算以全新的形式來辦第二屆，毋奈剛巧遇上疫情，無法進行。

2019 年首屆進優行動計劃參加者，現在配合本書的出版，重新設計及推出另一個「進優行動計劃」，方便大家參加。

以下是這個計劃的特點：

a. 參加者年紀不限 - 特別歡迎接近退休年齡，打算提早退休，即將或剛退休，退休多年但仍然精力充沛的人士。

第三章　行動指南　始於你足下

　　b. 整個計劃為期六個月 - 每月必須出席一個整天的活動。此外可根據自己的興趣及時間，參與每月都有提供的其他活動，包括探訪社會創新項目，專題講座，設計思維及精益創業培訓，興趣小組（例如有機耕種，環保回收，竹藝，財務計劃等）

　　c. 線上線下活動相結合 - 除了實體活動外，每週都有線上活動，包括：Zoom Talk，文章及視頻分享，專題課程，小組聯誼，問卷調查，WhatsApp 意見交流，Facebook 互動分享等

　　d. 創造收入體驗培訓 – 為了鼓勵參加者能在進優期間，創造 Income with Impact，每一名參加者必須在六個月內，創造至少一千至五千之有社會效應的收入。（例如在 2019 年的計劃中，我們一起掌握了關於「成長心態」的培訓技巧，為一些學習有困難的學生提供了收費的工作坊，剛巧同年職業訓練局轄下的香港專業教育學院（IVE），察覺到成長心態對其一萬多學生的重要性，決定將之定為一年級的必讀課程。但由於整個學院都沒有老師可以教這科目，於是邀請我們為 90 名老師提供為期三天的 Train-the-trainer 課程，讓他們可為數千名學生提供成長心態的訓練。）

　　e. 草擬個人或小組行動計劃 – 範圍及焦點全無限制，只有一個標準，就是當計劃成功實施之後，對世界有正面的作用。可以個人來進行，但鼓勵以小組做單位，因更會有機會實現，並可培養團隊合作及領導發展，為未來其他項目舖路。

　　f. 費用 – 每位五千元，六個月內完成計劃的將獲退還三千元。所以基本費用不高，計劃開始時先繳交五千元，是鼓勵參加者認真並準時完成計劃。3 行動指南　125 有興趣獲得更多資料的，可與 KK 聯絡 kakuitse@gmail.com

4. 選擇你的同行群組

一個人退休本來是很私人的事，很少人會想到要結伴而行。但是進優有點不一樣，有些同行者會來得容易及痛快。

有一句非洲諺語，正好反映這現象：：If you want to go fast, go alone;if you want to go far, go together。意思是，假若你想行得快，大可以自己一個人走。假若你想行得遠，最好還是結伴同行。

進優廿多年，我有一個深刻的體會：**退休可以一個人去做，進優則需要一班人一起做**。這並不是說大家每天都要見面，或住在一起，甚至在同一個城市，或是同時參與一個項目，而是形成一個群體，經常互相交流，鼓勵，分享，支援等，可以是一個線上群體，但也得要不時有線下活動，才能發揮最大效果。

上一章提到退休心態與進優心態的分別，兩者確實是很不同的心態。

一個人接近退休年齡，通常就不自覺地有了退休心態，不容易改變，而且身邊的親人及朋友，都預期了他有這樣的心態，也期望著相關的行為。他不可能自動便培養出進優心態。

根據我們的觀察，要過渡至進優心態，需要有下列條件：

◆ 有人告訴他，或他從一些渠道（例如書本，社交媒體等），接觸到進優心態。

◆ 覺得進優心態有吸引力，有意願去了解多些

◆ 有機會接觸到一些進優中的人士

◆ 參加一些以進優為主題的活動

第三章　行動指南　始於你足下

◆ 親身體驗到進優生活的樂趣
◆ 參加了進優的群組

可以見得，所謂向進優過渡，不是一蹴即至，而是一個緩慢的過程，很多因素同時出現，才能促成轉變，亦因為如此，我們要編寫，出版及推廣書籍，組織多樣化的活動，發動已進優的朋友現身說法，組成不同形式的群組。

總括一句，假若你真的有興趣進優，便要爭取機會參加我們的活動，主動加入我們的群組。最簡單的加入 ReWirement Co-creators 進優同行者的 WhatsApp group，有興趣的請發短信給 KK（852）97605718。

值得提醒大家，你選擇了同行群組之後，可能要面對一個全新的問題，那就是如何處理與現有朋友的關係。一個人達至退休年齡，自然有自己的圈子。包括你多年的朋友，甚至包括有些是深交，知己。如果他們也接近退休年齡，與你一起進優，那就是最好不過，但是難保部份不能接受進優的觀念，也不希望你因此與他們梳遠，那怎辦？

確實會令人不舒服。我也沒有善法。只是聯想到巴菲特老夥伴芒格（Charlie Munger）的幾句話，正好是最佳參考：

"Acquire worldly wisdom and adjust your behavior accordingly. If your new behavior gives you a little temporary unpopularity with your peer group…then to hell with them."

意思是，如果你有了一些新的智慧，那就要改變你的行為。假若新的行為令你的朋輩產生一些短暫的不安……管他媽的！

說得白一點，就是要頂著它，你可能會失去一些老朋友，但你在建立新的友誼。

5. 制定一個中期目標（3-5 年間可實現的）

進優過程中，不應該是漫無目的的。

所以建議你制定一個中期目標。

但首先，讓我們討論一下，為甚麼要定目標？

有些人會覺得，定下目標會構成壓力。好像有了目標之後，會支配了整個人的生活，其他事情都沒有時間做。此外，為了達至目標，可能需要很多資源，簡單地說，可能需要金錢，會否是個無底深潭？再者，要完成目標，總不能單槍匹馬去做，可能需要建立團隊，甚至要聘請職員，那裡有資源及精力去做？退一步而言，假若全力以赴，但又未能達至目標，會否有很大的挫敗感，創傷感？

這些都是可以理解的，牽涉到四方面：時間，資源，團隊，失敗。以下簡單回應一下。

定了目標後，會否占據了太多時間及精力，影響其他的進優享受？我相信不會。關鍵是自己安排時間。我有多個目標，也放上不少時間及

第三章　行動指南　始於你足下

精力,但仍然可以每年去兩次旅行,每次一個月。有很好的平衡。

資源方面,是需要的。但值得留意的所需是資源,不一定是金錢。英文有一個字,Resourceful,確實可圈可點。

假若你說一個人 beautiful,她是有 beauty。但若你說一個人 resourceful,他是沒有資源,卻懂得千方百計去發掘資源。我創辦過超過十家企業,每次投資都很少,但我很 resourceful,多渠道找不用錢買的資源。進優人士要達致任何目標,也是要這樣,非有絕對需要,不必投入真金白銀。

團隊是不可缺少的。隊員何處尋?不用擔心。最關鍵的是你的目標是否清晰,鮮明,及切中時弊。果如此,則你有很大機會找到志同道合的人士與你一起。所以上面說,你要選擇你的進優群組,他們都可能是你的未來戰友。

擔心失敗是人之常情。確實有時失敗是不能避免。但是進優人士要有所謂「成長心態」(growth mindset,相對於 fixed mindset)。其特點有三:一是樂於接受挑戰;二是不害怕失敗;三是擅於從失敗或挫折總結經驗。Fixed mindset 的人剛巧相反:不願意接受挑戰;極度害怕失敗;不懂得從失敗或挫折總結經驗。

所以，我們認為進優人士可以大胆地去定目標，反正不能達標也不是天會蹋下來。可以總結經驗之後從頭來過。但一旦有了目標，便可以集中精力及資源，群策群力，全情投入。

6. 處理配偶的關係

進優人士為甚麼要處理配偶的關係？

本來，一個人踏進退休年齡，很大機會配偶也差不多，即使相差十年八載，也無傷大雅，大可以一齊進優，這是最理想的事。

但事實上，這種情況卻絕少見。最基本的原因，是很大機會兩人同樣受習以為上的傳統退休觀念所影響，其中一個開始接受進優的理念，並不代表配偶也同時接受。即使在最理想的情況，也需要一段頗長的時間才會看法及行為磨合起來。

以下是我在新西蘭聽到的一個故事：

話說一位長者，年事已高，大概會不久人世。他生前做了很多好事，連上帝也有所聞，如是派遣天使造訪這位老人家，問他有甚麼願望，可助他離世前實現。老人家沒想過有這樣的機會。想了很久，終於說，「我希望建一條橋，連接澳洲及新西蘭。」

天使表示會馬上向上帝傳達信息。不一會，天使回來向老人家說，「上帝明白你的願望，但因為這條橋會很長，要用很多鋼筋，水泥，又會影響海洋生態，不太環保，所以想問問你有否另一願望。」

老人家想了良久，說，「我另一個願望是想了解我的老伴。」天使帶著信息去請示上帝。

095

第三章　行動指南　始於你足下

很快地，天使便回來，向老人家說，「上帝想知道你打算橋上有多少條車道。」

這個故事帶出一條真理：了解配偶並不是一件容易的事，世界各地皆然。

所以，假若你嘗試進優，而未能馬上說服配偶，並不純是你的問題，不必氣餒，以下是一些可以考慮的做法：

a) 放棄進優念頭，等機會說服配偶後才一起進優

b) 不理會配偶的想法，堅持自我進優

c) 與配偶定下盟約，讓自己先進優一兩年，之後檢討決定是否繼續或中止

d) 不讓配偶知道，找些藉口，讓自己進優可也，雖然有很多不方便，但總比用傳統方法退休為好

要作決定並不容易，只有你自己才能根據實際情況，平衡多方面的得與失，自己作出足以影響下半生的重大決定。

我也不便給你建議，只是想說，非逼不得已，千萬不要考慮第一項。

7. 如何與子女及孫輩溝通

大部分進優人士都會有子女，甚至孫兒。如何與他們溝通，既是挑戰，也是機會。

首先，為甚麼要與他們溝通？因為他們很可能受到傳統退休觀念的影響，預期一些習以為常的退休行為。例如他們可能覺得退休人士不應

繼續工作，而該在家坐享清福。見到進優的長輩仍然忙於創造收入，或不斷學習，繼續發夢等，他們會覺得難以理解。所以，跟他們有坦誠的溝通，確實有必要。

為甚麼是挑戰？

因為不容易說得清楚，尤其是當配偶之間未有共識，有時兩人發出的信息可以導致聽者感到混淆，甚至誤解。即使有相當共識，要能深入淺出向年青人，講述退休與進優的分別，並不是一件輕而以舉的事。

為甚麼是機會？

至少有兩層的意思。第一，由於要向別人解釋進優的意義，當事人要自己加深了解。事實上，正如所謂 "There is no better way to learn than to teach"，向別人講解會令自己更深入了掌握進優的意義。

第二，是更重要的機會，因為進優的出現與「人生新藍圖」有很密切的關係。這是難得的機會向年輕的一代介紹他們所處的新紀元，至少可以帶出以下數點：

- ◆ 你們到達退休年齡的時候，也要選擇進優；到時「退休」可能已進入博物館
- ◆ 你們每一個人都有很大機會活至 100 歲開外，與上一世紀比較，平均預期壽命增加了 30 多年，不要等到退休才去享受這些歲月
- ◆ 你們不應再因循上世紀之「三段式人生」（教育工作 - 退休）。工作階段不應一做便做到退休，反而可以多些停下來，做一些其他的事，

第三章　行動指南　始於你足下

例如旅行，進修，休息，當義工，計劃改變工作或行業，嘗試創業等。這種 Sabbatical 安排會愈來愈普遍。

◆ 在求學階段，不必要趕著畢業。幼稚園為甚麼要三年完成？五年，七年又何妨？小學階段，我們要問究竟要學甚麼？是否全部都要坐在班房里學習？可否部分時間在戶外以大自然為師？小學階段是否也可以有「間格年」（Gap Years）用長些時間來完成小學有何不好？八年？十年？

◆ 中學階段更必須有「間格年」，一次，兩次，三次又如何？世界多處的經驗已充份證明，「間格年」可以給與學生多樣化的學習環境，多樣化的挑戰，更重要的是讓學生培養自主學習的能力及興趣。但是，學校容許嗎？家長支持嗎？社會接受嗎？相信很多人的反應都是負面的。但有一類機構異常歡迎：外地著名大學。它們深明「間格年」另類學習的重要性。

◆ 如果有機會或計劃升讀大學的話，「間格年」更不可或缺。你作為家中的長者，對這個問題絕對有發言權，而且可能在你的支持下進行。未進入大學，先去了解世界，擴闊視野，深入社區，或體驗工作，掌握另類技能，發展自己的興趣等。更重要的，是有機會及時間去反省為甚麼要上大學？在那裡上？修甚麼課程？

以上只是一些例子，當你對進優及人生新藍圖的理念深入掌握之後，你會發覺有很多可以與年輕一代分享，而且不是可做可不做，而是非做不可。事實上，人生新藍圖中很多的意念及啟示，對年輕人是不可或缺，因此可以說，進優人士其中一個使命，就是向不同年齡的人宣揚人生新藍圖。

8. 享受一個進優前的旅遊

當然，進優期間仍然可以不斷旅遊，但在進優之前的一個比較長的旅遊有特別的作用及重要性。

這個旅程，最好當然是與配偶同行。

時間有多長？沒有規定。建議是比較長，例如至少一個月，但三，數個月亦無不可。

選擇甚麼地方旅遊，也是無限制。最好是一個從未去個的地方，方便改變一下生活體驗，用新的角度來看世界，包括值得享受及欣賞的地方，也不妨接觸一下人間不如意，不理想的境況。即是說，不單只是遊山玩水，飽覽名勝。舉例來說，無論到那一國家旅行，都可以了解一下當地最逼切的社會，經濟問題。

內容是甚麼？也是因人而異。其中一個可能性，是參加一個與進優主題有關的活動，例如課程，會議，展覽等。假若想參加課程，首選當然是由 Modern Elder Academy 所舉辦的短期課程，由數天至兩星期都有，足以改變你的餘生。

參加旅行團抑或自己策劃旅程？假如整個旅程是超過一個月的，多少是要由自己策劃，亦可部分行程參加旅行團，但即使如此，亦應考慮參加小組形式而非大組的旅行團。

費用預算要多少？簡單的答案，是豐儉由人。但說得實在點，整體費用是不低的。不過，既然是進優前的一個長旅遊，準備一個充裕的預算是極其值得的。很大機會數十年後回首一看，這是個回報豐富的投資。

我個人的例子是頗為極端的，但對大家也許有參考價值，至少有一

第三章　行動指南　始於你足下

些啟示，甚至一點衝擊。

我決定提早退休之後（當時還未有進優的概念），確是經常到處旅遊，有幾年是每年約有一半時間在旅途上。所到過的國家，最多次數的是新西蘭，覺得那邊很寧靜，又可以自己駕車隨處去。就在那時開始每年都去一，兩次，每次都停留至少一個月。在那邊沒有親人，沒有置業，更沒有申請當地長期居留，初時連朋友都沒有。住的地方通常都是遠離大城市，大多是沒有遊客去的地方。間中會參加當地的一些活動。就在其中一個活動中，認識了當地最有名氣的社會創業家。之後與他聯絡，並專程去探望他。

想不到，從此就走上社會創新不歸之路。沒有太多的計劃，只是掌握到機遇，找到與自己價值與抱負有共鳴的人物及活動，經過一番的探索及反思，摸著石頭過河，最後改變了下半生的軌跡。

我的建議是，用心策劃你進優前的旅遊，可能不只一次，把它當作為一項投資，極有可能帶來可觀的回報。

八種行動，無先後之分

以上建議的行動，無先後之分，亦可能會反覆進行。更重要的，列出來的目的在於引發大家的思考，你肯定還會想到其他的行動。

但值得重申一句，關鍵在於實際行動，否則一切都是徒然。

第四章
世界潮流　十大思想領袖

第四章　世界潮流　十大思想領袖

本章的原意，是介紹十本與進優有關的著作，讓讀者感受到進優的世界巨流不可抗拒，不可孰視無睹。

但當我執筆的時候，發覺這些書的作者有一大共通點，那就是他們不只是著書立說這麼簡單，而是同時進行大量工作及活動，去推廣他們的理念及主張。稱他們為思想領袖（或時下用語 KOL）一點也不為過。

以下的介紹，將不單突出書的主要內容，還會勾劃他們有關的活動，及指出他們對進優思潮的貢獻及影響。

我的目的，是希望讀過我的推荐後，會至少精讀他們的一本著作，這對大家進優之旅肯定有莫大的陣益。然後在進優期間，慢慢咀嚼其他的著作。

由於部分作者是共同著作，及有些作者先後出版了多本著作，我都統稱為十大思想領袖，十本著作。

以下用一個表列出作者名字，書名，與及大家為甚麼要讀他們的書：

作者	書名	為甚麼非讀不可？
Linda Graton & Andrew Scott	The 100-Year Life: Living and Working in an Age of Longevity（2016） The New Long Life: A Framework for Flourishing in a Changing World（2020）	第一本書現在已有超過 20 種語言的翻譯本，其全球影響力可見一斑。在台灣及內地皆有不同的翻譯本，並獲多個獎項。假如你只有時間書一本書，這絕對是首選。

8. 享受一個進優前的旅遊

作者	書名	為甚麼非讀不可？
Chip Con-ley	Wisdom At Work: the Making of A Modern Elder（2018） Learning to Love Midlife: 12 Reasons Why Life Gets Better With Age（2024）	Conley 是 Modern Elder Academy（MEA）的創辦人，推動進優學習及生活不遺餘力。MEA 堪稱是世界上最具影响力的進優學府，最接近杜魯克所說「第二人生」的大學。
Lucy Kell away	Re-educated: How I Changed My Job, My Home, My Husband and My Hair（2021）	一個英國「金融時報」的專欄作者，現身說法，毫無保留的進優經驗自白，苦與樂，驚與喜，愛與恨：活躍紙上。
Stanford Centre on Longevity	The New Map of Life: A Report（2022）	是一份報告書，而不是普通的書。有一個 16 頁的精讀本，網上可以免費下載：https://longevity.stanford.edu/thenew-map-of-life-full-report/ 值得大家一讀。這份報告書與 The100-YearLife 有異曲同工之妙，但對象主要是美國讀者，更準確地說，是政府，企業及教育機構的決策者。另有一特色，就是帶出了以下的重要信息：百年長壽影響的不單只是退休人士，而是對任何年齡的人都帶來重大衝擊。 你掌握了這份報告的精粹後，第一個衝動會是向你的兒女作介紹，讓他們知道「人生新藍圖」對他們有何啟示。

103

第四章　世界潮流　十大思想領袖

作者	書名	為甚麼非讀不可？
Bob Bu ford	Halftime：Moving from Success to Significance（1995） Halftime: Moving from Success to Significance–20th Anniversary Edition. Foreword by Jim Collins.（2015）	這可說是推動進優思潮最早的著作。作者是一個成功的商人，他用球賽中場休息的比喻，鼓勵人們停下來作反思，並指出人生上半場不論有多少得失，但未終結，勝負結果只在下半場才出現，並提出要從追求成功過渡到追求意義。Jim Collins 是管理學大師，在 20 週年再版中重新演譯 Halftime 的時代意義。
Marc Freedman	How to Live Forev er: the Enduring Power of Connecting the Generations（2018）	人當然不可能長生不死，但作者認為年長的人只要不斷地與年輕的人群保持聯系，溝通及合作，便可以通過他們來「長生不老」。他認為當前的問題，是年長的人被社會有意或無意間嚴重隔離，他總括的一句話，就是：：In America today, age segregation is more serious than race segregation.（在今日的美國，年齡隔離的問題比種族隔離來得嚴重。）

作者	書名	為甚麼非讀不可？
Jo Ann Jenkins	Disrupt Aging: A Bold New Path to Living Your Best Life at Every Age（2016）	作者是 AARP（American Association of Retired Persons）的行政總裁。AARP 是美國最多會員的志願組織，年屆五十便可入會。作者嘗試改造該組織，從主力爭取長者福利過渡至創造更積極進取的人生。
Bruce Feiler	Life is in the Transitions：Mastering Change at Any Age（2020）	現代人既然愈來愈長壽，一生中經歷的大大小小的階段也愈來愈多。Transitions 是指這些階段中的過渡。明顯地，從來沒有人教導我們如何處理這些過渡，也不知甚麼才是好的，有效的過渡，即使做得不好也不能重頭來過。但事實上，這些過渡嚴重左右我們生活及生命的質素，包括過渡後的生命軌迹。本書作者提供了不少具體而實用的建議。
Hyrum W Smith	Purposeful Retirement：How to Bring Happiness and Meaning to Your Retirement（2024）	作者開門見山地說，沒有目的便開始退休的人，很快便會覺得生活苦悶乏味。換言之，退休（或我所說的進優）的起點是重新思考你存在這世界的意義，這需要理清你的價值觀，撫心自問熱枕何在，明確你的短，中期目標，探索你未來數十年的使命及抱負，退休的生活才會豐盛及多姿多彩。

105

第四章　世界潮流　十大思想領袖

作者	書名	為甚麼非讀不可？
Jeri Sed lar & Rick Miners	Don't Retire–RE WIRE! 5 Steps to Fulfilling Work that Fuels Your Passion, Suits Your Personality, and Fills Your Pock et（Third edition 2018）	這可能是最早在書名中出現 REWIRE 一字的書。作者是一對夫婦，有超過 30 年事業顧問（Career Coach）的經驗。他們發覺，很多人過了退休年齡更需要生涯規劃及引導，於是轉而開創了一門嶄新的行業進優輔導服務。

第一本

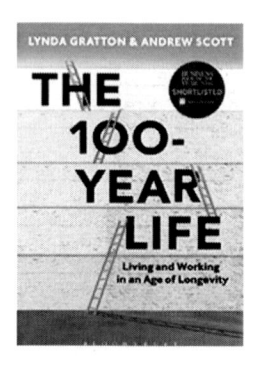

The 100-Year Life: Living and Working in the Age of Longevity

"Brilliant, timely, original, well written and utterly terri fying."

—— Niall Ferguson

"Gratton and Scott's must-read treatise helps us see crucial patterns in modern life, where we're headed, and what we can and must do now – in both our private and public worlds – to create pathways for greater human freedom during our expanding time on earth."

—— Stewart Freidman

"I found hundreds of insights in this book about the 100-year life. The authors understand implicitly that not only is the world as we know it changing beyond all recognition but the way we lead our lives is too. This book could not be more timely or necessary."

—— Julia Hobsbawm

目錄

1. Living: The gift of a long life 生活：長壽賜與的禮物

2. Financing: Working for longer 財源：更長久的工作

3. Working: The employment landscape 工作：就業市場的景觀

4. Intangibles: Focusing on the priceless 無形資產：聚焦在無價寶

5. Scenarios: Possible selves 設想：可能的自我

6. Stages: New building blocks 階段：嶄新的台階

7. Money: Financing a long life 金錢：長壽的理財策略

8. Time: From recreation to re-creation 時間：從娛樂過渡到重新創造

9. Relationships: The transformation of personal lives 關係：個人生活的蛻變

　　兩名作者皆是倫敦商學院的教授，Linda 是社會心理學家，Andrew 是經濟學家，兩人合作寫這本書，簡直是天衣無縫。出版後，好評如

第四章　世界潮流　十大思想領袖

潮，風靡全球，馬上被翻譯成多國文字，中文也有兩個版本，分別在台灣及北京出版。日文版亦有多個版本，包括原著版及數個節錄版，並有漫畫版，亦有評介文集版。

兩位教授頓時成為了炙手可熱的主題講者，穿梭四大洲在不同場合宣揚他們的研究結果及主張，包括學術會議，政經論壇，企業高峰會，科研機構，基金會及智庫組織等。

著名歷史學家（任教於哈佛大學）Niall Ferguson 在評語中突出其原創性（original），又說該書所述的是 utterly terrifying（極其可怕）。

以下介紹一下這本書究竟原創在甚麼地方，至於是否「極其可怕」，我就讓讀者自己來判斷。

1. 百歲人生不再是遙不可及

我們從日常觀察，已知道現代人是愈來愈長壽，但一般人通常都未相信自己也會活到一百歲。今天，一個出生在經濟發達國家的孩子有至少 50% 的機會活到 105 歲。與之相比，如果這個孩子出生在一個世紀前，他活到 105 歲的機會還不到 1%。

如果你現在 60 歲，你有 50% 的機會活到 90 歲以上；現在 40 歲的，有 50% 的機會活到 95 歲以上；現在 20 歲的，有 50% 活到 100 歲以上。簡言之，本世紀出生的孩子，活到超過 100 歲的將會是比比皆是。

此外，還有三個因素令你的壽命高於平均數：經濟條件，健康狀況，與及高齡時的活動。

一般而言，經濟條件相對較好（但不需要是大富大貴），由於食用及醫療相對較好（特別是若有醫療保險），工作上體力長期操勞較少，很大

機會比較長壽。

健康狀況以及有否長期病患肯定對壽命有重大影響。

比較少人留意到的，是高齡階段的心態和活動亦是左右壽命長短及質素的關鍵因素。例於假若高齡階段（如退休多年），仍然熱心參與一些自己充滿熱忱的活動，不但精神有所寄托，更會感到人生充滿意義，不知不覺中有延年益壽的作用。這三個因素還會互為因果，一起發揮起來，增加五至十年的壽命亦不為奇。

可以說，本書第一個原創的地方，是讓更多的人接受這個現實：你是會活到接近 100 歲的。

◊ 2. 拼棄三段式人生

第二個原創性，是告訴大家，必須拼棄支配著整個二十世紀的所謂「三段式人生」：**教育 – 就業 – 退休**。

在上一個世紀，人均壽命只有六十多歲，把人生分成這三大階段彷彿是順理成章，無可厚非。

時至今天，當愈來愈多人的預期壽命可達 100 歲的時候，三大階段的安排是否仍然適用？答案是否定的。

並不是說沒有教育，就業及退休的需要，而是在今天及未來，它們的內容，形式，時序安排都出現史無前例的改變。

先說教育。上世紀中，我們假設取得特定的學歷後便能作就業之用。很多人一生的教育就在就業前獲取，然後便工作數十年至退休。今天，對絕大多數人來說，並不能只靠就業前的教育便可以長期有工作，而是在人生不同階段中要接受不同形式的教育，才有機會獲得就業機會。

第四章　世界潮流　十大思想領袖

工作，就業，事業等也出現重大改變。很少人會連續幾十年不間斷地工作，而是反覆夾雜著休息，受教育，再工作。類似「間格年」(gap years)或「脫產休假」(sabbaticals)的安排會愈來愈普遍。同時，工作的年數亦會延長。在百歲人生中，工作到八十甚至九十也比比皆是。但工作的時間亦會千變萬化，全職，兼職，半職，項目模式，按時或成效受薪，義務性質等皆有可能。

所謂退休，變異更大。首先，退休年齡可能沒有意義。官方的退休年齡可能還會存在，但愈來愈多人超越了此年齡還會工作。退休年齡也會不斷延長，雖然在大多民主國家政治阻力甚大。（去年法國總統馬克龍硬闖提高退休年齡，差不多弄至要下台。反觀中國，今年政府宣佈要延長退休年齡，便馬上實行。）大趨勢很明顯，世界各國的退休年齡將會繼續提高。

總之，在上一個世紀大行其道的「三段式人生」已完全落伍，非主動拼棄不可。

◇ 3. 財力不足以應付「突然而來」的長壽

說它突然而來，是因為所有人，政府，及有關政策機構，皆無預料到人均壽命提高的速度如此厲害。一言以敝之，是殺了一個措手不及。

跟據本書作者的估計，即使在經濟發達國家，大部份中等收入的人士，退休之後如不繼續工作，他們的養老金（包括政府及企業的退休金與及自己的儲蓄）都不足以應付長壽的需要。

在高齡化特別高的社會，例如日本，已廣泛地出現了所謂「下流老人」的現象。這裡所說的下流，不是賤格下流的下流。而是指有些家庭

經濟條件由於不能應付長壽帶來的開支，變成生活條件日趨向下流。據日本社會工作者估計，此類人口已占該國總人口的 10%。

可以見得，人均壽命迅速增長，對於一些社群不知是福還是禍。對於社會上所有人，延長工作，增加儲蓄，提早作退休財務規劃等，皆是享受百歲人生必須的部署。

4. 終身學習談何容易

今時今日，很少人不認同終身學習的重要性。但在百歲人生的背景下，終身學習有著新的含義及挑戰。說到終身學習，一般人會聯想到興趣性的學習，例如繪畫，攝影，書法，電腦，健身，園藝等。這些學習固然是無可厚非，但這些都是傳統退休生活的點綴品。

在百歲人生中，另一類的終身學習更為顯眼，那就是能夠創造收入的新技能。

上面已指出，很多人過了退休年齡還須工作，或即使沒有經濟需要也繼續工作，於是便有必要掌握新的技能。不過，隨著社會經濟及科技的轉變，就業市場上對新技能的要求也日新月異，例如自動化，機械人，甚至 AI 的應用，都會導致就業市場出現前所未見的變化。

即使撤除了年齡歧視的干擾，年長人士如何掌握到市場上需要的技術與技能，將會是一個莫大的挑戰，亦為終身學習賦以新的意義。確實是談何容易！

第四章　世界潮流　十大思想領袖

5. 理清你的資產

傳統的退休規劃中，很注重所謂資產管理。甚至可以說，過份地側重物質資產的作用。在百歲人生中，有形資產仍然是舉足輕重，但必須更全面地理清及管理所有的資產。

本書的作者提醒我們，一個長者的資產其實有兩大類：有形資產及無形資產。

有形資產是指那些有金錢價值的資產，包括：物業，銀行存款，股票，基金，外幣，金銀珠寶，保單，年金等。這些固然十分重要，還得設法另他們保值，最好還可以不斷升值。

但本書作者認為，無形資產更為可貴，亦經常被忽視。所謂無形資產，包括以下幾種：

1. 生產資產（Productive Assets）包括新的知識，技能，資歷，或是過去的知識，經驗，網絡等重新的應用。基本上就是賴以創造收入的技能。

2. 活力資產（Vitality Assets）這些都是能促進你的活力的資產，包括身體健康，心理健康，家庭關係，朋友網絡（實體及虛擬）等。

3. 轉型資產（Transformational Assets）這是最被忽略的一種資產，對於大多數的人來說，可能從未聽過，也不易理解及掌握。在百歲人生中，人們將經歷多次重大轉型，這些資產包括對自己的認知及反省，對挑戰、衝擊或挫敗的應對能力，對新機會的評估及把握，對選擇及構建不同網絡的能力，對未來自我的想像及憧憬，以及在不確定的環境下作出抉擇及承担後果的魄力等。

作者用了 Transformational Assets 來概括這些資產，一方面可說因為「無以名之」，另方面可見得其重要性。作者在書中用了相當多的篇幅來

探討這現象。總以言之，百歲人生中，我們要全面理清所有的資產，特別是無形資產。

6. 面對人生的意義問題

生命究竟有沒有意義？這個問題困擾了人類數千年。古往今來，哲人智者絞盡腦汁，都未能完滿地解答這個問題。時至今天，人們對此問題仍無共識。

一直以來，一般人都很少深入思考這問題。好像以為還是留給有高度智慧及學問的人費心好了，凡夫俗子那有機會超越他們。

但百歲人生的世代帶來了前所未預料的轉變。愈來愈多自覺是平凡的人開始加入探索人生意義的行列。原因有很多，以下舉其大者：

◆ 太多空閒時間 —— 長壽令他們有很多空間去思考這個問題。一百年前，平均預期壽命只有五十至六十歲，大部分人辛勤一生，退休之後往往十年左右便離世。但在今天，很多人超越退休年齡之後還有數十年壽命，空間大得多，不難會思考到人生意義的問題。

◆ 資訊爆炸厲害 – 通過社交媒體的迅速傳遞，世界各地的消息疲勞轟炸，包括天災人禍，社會動盪，戰亂頻繁，氣候危機，疫情橫行，無日無之，人類文明面對前所未有之挑戰。一代長者如何自處？如何想像下一代之光景？世界的前途？人生究竟有何意義？

◆ 長者自殺率持續上升 – 在不少經濟發達國家（包括美國），長者人群中的自殺率有顯著上升的趨勢，其中男性比女性往往高於一倍。為何有這麼多的人厭世？為何愈來愈多人有生不如死的感覺？醫療技術的發達很多時可以延長壽命，但勉強活來又有甚麼意思？身邊的

第四章　世界潮流　十大思想領袖

長者有那一個是活得豐盛精彩？如何重新理解「行屍走肉」的意思？
- ◆ 哲學課程突然受到追捧 – 在西方國家及至香港，報讀哲學課程的人突然急速上升，長者如是，年輕人如是。這包括本科生，碩士及校外課程。後者尤其受長者歡迎。反映出愈來愈多人傾向探討生命意義的問題，亦或多或少代表他們對追逐物慾的社會之反感。

本書作者預料，隨著百歲人生普及化，享受著漫長人生的長者愈來愈多會反思人生的意義，有甚麼結果當然是很個人化的，但他們的集體智慧，會否超越數千年來哲人智者的成果，則要拭目以待。

本書還有很多精彩的論述，篇幅關係這裡不能詳細介紹，留給讀者自己做功夫。只想指出 Linda 在日本的一個重要角色。

如上所述，本書在日本影響巨大而深遠。當年的首相安倍晉三，於 2018 年六月，特別成立了一個高層次的機構（CouncilforDesigningthe100-YearLifeSociety），來探討日本如何向百歲人生社會過渡，由他自己担任主席。成員都是日本政，商，學界的翹楚，當然全部都是日本人，只有一人例外，就是本書之 LyndaGratton，其影響力可見一斑。

此組織對日本全面反思如何重新設計社會，經濟，及政治各個環節，發揮了巨大的作用，並成為了其他國家的重要參考（包括星加坡）。反觀香港，特區政府似乎全無反應，社會上關於此重要課題的聲音也微乎其微。

第二本

WISDOM @ WORK
THE MAKING OF A MODERN ELDER

CHIP CONLEY

Wisdom At Work: The Making of An Modern Elder

"Being smart comes from studying or understanding complex things, yet wisdom is something deeper. We don't become wise simply because we get old, wisdom is something we must actively cultivate in order to accumulate. Every one of us should learn what it takes to gain wisdom, and Chip Conley is the wise guide for our journey."

—— Simon Sinek

"Bravo to Chip Conley for writing this timely and inspiring book. Having begun my third chapter at the age of 60, I can attest that this is the most productive and rewarding time of my life. Applying one's knowledge and passion in the service of missions larger than ourselves is the greatest gift of being a Perennial."

—— Sherry Lansing

第四章　世界潮流　十大思想領袖

"Chip Conley embodies the generosity, insight and spirit of an elder. He understands that it's not an age, it's a state of mind, and he shares his wisdom here with all of us. Precisely the sort of longgame thinking we need today."

—— Seth Godin

目錄

1. Your Vintage is Growing in Value 人愈老愈值錢

2. Am I a Mentern？我是否導師及見習生的混合體？

3. Raw, Cooked, Burned, Repeat? 生，熟，燒焦，重來？

4. Lesson 1: Evolve 教訓 1：變異

5. Lesson 2: Learn 教訓 2：學習

6. Lesson 3: Collaborate 教訓 3：合作

7. Lesson 4: Counsel 教訓 4：忠告

8. Rewire: Don't Retire 進優：不退休

9. Experience Dividend: Embracing Modern Elders in Organizations 經驗紅利：任何組織都應擁抱現代長者

10. The Age of the Sage 耆聖的年代

Chip Conley 是一個傳奇人物，既是創業家，又是管理天才，很早便想退休，但又突然被 Airbnb 的創辦人聘請為 Mentor，很快更成為該公司的的 Head of Hospitality and Strategy。

他發覺自己雖然年長，但擁有難能可貴的 Wisdom（智慧），激發他開創了 Modern Elder 這概念，書名 Wisdom At Work，就是介紹他在 Airbnb 發揮智慧的經歷，副題就是 The Making of a Modern Elder，可以

譯為「現代長者是怎樣鍊成的」。

他畢業於史丹福大學，兩年後考進史丹福商學院進修 MBA。畢業後在一家大型銀行工作了兩年，發覺自己不適合打工，於是在 26 歲的一年，決意創業。第一項投資十分成功，是經營一間精品酒店。

甚麼是「精品酒店」？他初期也不大了了，反正就是要「小而美」。但可謂美？那就是要有性格，與其他酒店（特別是大型連鎖酒店）有所不同。

在這裡，他大胆嘗試，找了一份雜誌做第一間酒店（The Phoenix）的藍本，這本雜誌就是 Rolling Stone，其五大特徵是：funky（時髦），irreverent（玩世不恭），adventurous（敢於冒險），cool（冷靜從容），young at heart（心態年輕）。他把整間酒店的外形，室內設計，服務內容，員工訓練及心態等皆朝這方向來塑造。結果超乎意料地好。

究其原因，是顧客需要的不僅是供渡宿的房間，而是兼有心理認同的追求，即所謂謂 identity refreshment。整間酒店的氣氛如果能夠引起共鳴與認同，他們會有被重視，欣賞，及支持的感覺。他們並無需要付出額外的費用，卻獲得重大的心理滿足，會有物超所值的果效。

另一個例子是以 Wired Magazine 為藍本。這份雜誌是當代年輕科技界的寵兒。五個形容詞是 smart, techie, creative, visionary, iconoclastic（精明、技術型、具創意、有願景、反傳統）。

Chip 以此為藍本塑造了 Avente Hotel。發覺很受年輕及有科技背景的旅客歡迎。有一家企業的僱員特別喜愛這酒店，每次出差到當地都入住，別無他選。有幾年曾經每年有超個 12,000 人次過夜，這間公司便是 Google，當時還是家初創公司。事後十多年，Chip 被邀請到 Google 總部作演講時，他也提到這例子，還打笑地說 Google 當年便應買下這酒店

第四章　世界潮流　十大思想領袖

作為員工宿舍。

就是這樣，Chip 打造了一個別出心裁的連鎖式精品酒店集團，每一間都有其獨特的性格，吸引不同的客戶群。最高峯時有 52 家酒店，其中 20 家在三藩市灣區（San Francisco Bay Area）。

這個模式獨一無二，廣受歡迎，亦樹立了 Chip 在旅遊界的翹楚地位。二十年間，囊括了當地酒店業，旅遊業差不多所有最高榮譽的獎項，風靡一時。其中一個特別難得之處，就是他開始時全無任何酒店或旅遊業的經驗及背景。

由於他畢業於世界知名的史丹福大學及史丹福商學院，有些人覺得這可能是他成功的關鍵因素。但正相反，Chip 認為他在商學院所學的東西完全無用，甚至有反效果，因為商學院所教的，是「見物不見人」。

他說他的成功正是與商學院（意指一般 MBA 課程）所傳授的背道而馳，他強調營商之道是要從人（humans）出發，而一般商管課程正是極度忽略這重要課題。他在所有的 TED Talk 及其他視頻中都反覆強調這一點。

剛 50 出頭，他突然感覺到一個 calling（可以說是感召吧！），呼喚他應該停下來，思考進入另一人生階段。他當時並沒有聽過 Rewirement 這類東西，只是覺得要有些改變，開拓另一種全新的生活。

剛巧當時正遇上 2000 年科網爆破，接著又發生 911 事件。在美國而至整個世界，社會，經濟，政治層面都出現前所未有的震盪。52 歲的一年，他毅然把自己創辦的事業全數出售，令所有人驚嘆不已。他坐享豐厚的財富，心想即使以後再沒有收入，也可以優哉悠哉渡過餘生。

跟著的日子，是無業一身輕，也無所事事，他有時也會想，是否就是這樣去度過未來的數十年？可幸地，一個突然的電話帶來了意想不到的變化。這個電話來自 Airbnb 的聯合創辦人兼主席 Brian Chesky。他與 Chip 素未謀面，來電是約 Chip 見面一談。Chip 馬上便接受，約好一個星期後一起午餐。

餐桌上寒喧幾句之後，Brian 便單刀直入，表示想聘請 Chip 為公司三位年輕聯合創辦人的 Mentor，引領 Airbnb 經營得更出色。這是超乎 Chip 的想像之外。他雖然創辦及管理過一個連鎖酒店集團，但對 Airbnb 這類全新模式的生意卻了無所知。他覺得自己所認識及擅長的酒店運作，與 Airbnb 所做的簡直是風馬牛不相及，如何可担當人家的 mentor 呢？他反而想知道，為甚麼 Brian 會想到找他當 mentor。

Brian 解釋說，Airbnb 雖然發展及成長得很快，但不斷有意識地向多方面學習，在不同的領域，都聘請過世界一流的專家提供指導。在酒店服務方面，他們四出打聽，差不多每一個人都推荐 Chip，所以決定非要邀請他不可。Brian 強調，這不是一個全職的工作，Chip 仍然可做其他的事情。

最後 Chip 接受了這個挑戰，同意每星期撥出十五小時來担當 Mentor 的角色，並馬上開始。誰知不到三個月，Brian 便向 Chip 提議，不如全職來參與 Airbnb 的運作，作為公司的 Head of Global Hospitality and Strategy。

這個職位名稱不容易翻譯，因為 Hospitality 一詞並無貼切的中文翻譯，一般解釋為「熱情好客」，「殷勤款待」等。而英文 Hospitality Industry 一詞雖已廣泛應用，但中文好像還未有這概念，字典上只把它說成是「住宿餐飲業」，可以說得上是抓不著癢處。

第四章　世界潮流　十大思想領袖

Airbnb 要 Chip 担任 Head of Global Hospitality and Strategy，是想他全權負責重新設計全公司（覆蓋全球）達致「熱情款待」的策略。對 Airbnb 所處的業務及競爭環境來說，這是核心的業務策略。對 Chip 而言，這是一個難以想像但亦是夢寐所求的挑戰。兼且，Airbnb 當時的規模，以出租房間數目計算，已是全球首屈一指的營運者，比世界最大的五個酒店集團擁有的房間總數目還要多，而且還在高速發展中。

就這樣，Chip 走進了 Airbnb 的大家庭，揭開了人生的另一新頁。Wisdom At Work 一書，就是描述他在這間公司的夢幻經歷，與及從中獲得的寶貴啟示。

最大的得著，是對「智慧」一詞的重新體會。智慧有別於知識，技能，經驗，閱歷等；它包含著這些東西，但有更高層次的整合，令人可以更全面地觀察及洞悉現象，更能捕捉及掌握事態發展的模式，更敏感地體會不同持份者的利害與感情關係，更有信心地作出判斷，及更準確地評估長遠及短期效果。

他發覺，在任何的機構中，長者的智慧都可以發揮作用，包括 Airbnb 這樣的新興事業與及廣大的年輕僱員。然而，這種智慧普遍被忽視，以為年長者就恍如過了 Use-By Date，應該退下來，讓位給年輕人。因此他創造了一個新的名詞 –Modern Elder 來描述這些擁有智慧的長者。這個詞也不好翻譯，字面的意思就是「現代長者」，有點不倫不類。但 Chip 把它放在書的副題上：The Making of A Modern Elder。書出版後不久，他更創立了一個嶄新組織，叫作 Modern Elder Academy（下面再作簡介）。

在 Airbnb 中，他發覺大部份員工的平均歲數，只及他的一半。不單是年紀上的差別，而是知識，思考方式，溝通方式等都令他如在夢中。

在他參與的第一個會議上，有位同事提了一個問題：「「If you shipped a feature and no one used it, did it really ship?」

　　Chip 完全摸不著頭腦。很快地，他知道自己不單要做 Mentor，也同時要做 Intern（見習生）。公司內的一切，他都要從頭學習及領會。他也學得不亦樂乎。同時，更令他創造了另一新詞 –Mentern，一個身兼導師及見習角色的人。而且還懂得要 Intern in public, Mentor in private，即公開地做見習生，私下地做導師。

　　大家可以想像到，Chip 在 Airbnb 的挑戰及樂趣。但他最基本的挑戰，是作為三位創辦人的 Mentor。在這個角色上，他是有點戰戰兢兢。事實上，雖然他自己是個成功的創業家，但如何可以為另一個企業的創辦人提供引導，卻是另外的一回事。Chip 亦深明此點。於是他感覺到尋找高明的需要。有沒有其他類似的經驗可作他山之石？換句話說，他想找 Role Model。

　　很快地，他找到了一位，這人叫 Bill Campbell。他曾經是 Apple Inc. 的高級副總裁及公司董事，亦當過 Intuit（成功科網公司）的董事會主席，最難得的，是他當過數位知名人士的「教練」（Coach），包括 Google 的創辦人及歷任 CEO：Larry Page, Sergey Brin, Eric Schmidt，及 Sundar Pichai；Apple 的 Steve Jobs；Amazon 的 Jeff Bezos 及 Facebook 的 Sheryl Sandberg。

　　他馬上在媒體中全面了解 Bill 的事績，嘗試在他身上學習指導高層管理人員的竅門，並馬上聯絡他，希望向他當面請教。很可惜，Bill 年事已高，不及安排會面便離世。但 Chip 從他身上，確是獲得不少靈感，對他擔任 Mentor 的工作，有不可或缺的幫助。

　　這帶出一個重要啟示。長者雖然充滿智慧，但仍然可以不斷學習，

第四章　世界潮流　十大思想領袖

而採取向 Role Model 身上學習的方法，會有意上不到的收獲。本書鼓勵大家要進優，不要退休，亦大可以物色一些進優的 Role Model（包括本地或海外的），向他們取經。本章介紹的多位進優思想領袖，都可以是你的 Role Model。

Chip 在 Airbnb 的經歷，最後導致他創辦了一間獨一無二的「學校」– 位於美國與墨西哥邊境的 Modern Elder Academy（www.meawisdom.com），座落海邊，面對太平洋，既是個渡假勝地，也是個擁抱大自然的另類學堂。成立於 2018 年。

打開 MEA 的網站，以下的信息撲面而來：

Welcome to the world's first mid-life wisdom school。（全球第一間中年智慧學院歡迎大家）Your best years are ahead of you。（你的人生最高峰就在未來）

Over 5,000+ alumni from 48 countries have reimagined aging and unlocked deeper meaning in their lives with MEA。If you are yearning for more fulfilment, our evidence-backed curriculum and time-tested experience are here to guide you.

（至今已有來自 48 個國家五千多個學員參與我們的課程，重新想像年長的挑戰，及創造更出色的人生意義。假若你渴望更豐盛的人生，我們實証為本及通過時間考驗的課程是你的最佳導遊。）

Peter Drucker 曾說過：There is no university for the second half of life. MEA 可能是最接近他夢想的第二人生大學。

第三本

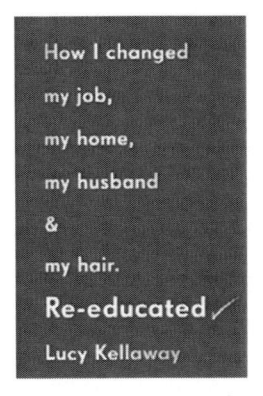

Re-educated. How I Changed My Job, My Home, My Husband, and My Hair.

'A beautifully told story of courage, determination, and above all, magnificent defiance.'

—— Alan Johnson

'Bracing and inspirational.'

—— Nigella Lawson

'There are lots of reasons to read this book, which has the fineness of detail, sharpness of humour and grace of a novel. But it's this business of changing one's mind--the thing most of us least like to do--that I admired the most.'

—— Observer

目錄

Preface：Let God Laugh at My Plans 序言：讓上帝嘲笑我的計劃吧

第四章　世界潮流　十大思想領袖

1. Space 空間改造
2. Fearless 無所畏懼
3. TeachLast 最後教書
4. Wrench 華麗轉身
5. FirstYear 第一年
6. Old Dogs, New Trick 老狗新招
7. Hair 髮變
8. OneDay 一天的教學生涯
9. Just Be Happy, Darling 親愛的，快樂吧！
10. Re-Education 再教育
11. Young-Old 年輕的長者
12. ReinventingMyself 重塑自己

我會用三個形容詞描述這本書：

- Fascinating 引人入勝
- Inspirational 極具感染力
- Scary 驚心動魄

引人入勝

　　這是一個真人真事的進優歷程。作者以第一身來介紹整個經歷：坦率，明快，細緻，大膽，不落俗套，曲折離奇，恍似小說，又像自傳，令讀者不自覺中走進作者的世界，分享她的喜與樂，淚與汗，失落與挫敗，願望與憧憬，成功與慶賀……總之就是引人入勝，渴望著知道下一步的情景。

作者 Lucy Kellaway 是英國《金融時報》（Financial Times）的全職專欄作家，專門撰寫關於企業管理文化的文章，備受歡迎，在行內聲譽甚高。在同一報章工作三十多年後，預期退休之年不遠，突然想到要改變事業的軌跡。她辭掉了高薪厚職，轉而重返校園，修讀一個數學學位，計劃當一位中學教師。

但她覺得這不單是個人的選擇，而是感覺到社會上很多像她工作多年的人，都會有這種願望或衝動，只是沒有勇氣去實行。於是她同時成立了一個非牟利組織 –Now Teach「現在就教」，鼓勵及支持不同行業背景而有意投身教育工作的人轉業，主要對象是工作多年接近退休之人士。她雖然沒有用「進優」這概念，但實際上是提供了進優的機會。

Now Teach 成立於 2017 年，至今已成功協助超過 800 名資深人士轉業為教師，在英國各地有超過 100 間學校夥伴。

Lucy 畢業於牛津大學，主修 Philosophy, Politics and Economics（哲學，政治及經濟）。1984 年已獲頒 Young Financial Journalist Award。在 2006 年的 British Press Award，Lucy 榮獲 Columnist Of The Year 的稱號。2021 年，Lucy 獲頒 OBE 銜，表彰她在教育領域的貢獻。

◊ 極具感染力

"If you want to make God laugh, just tell Him your plans." Woody Allen

（假若你想上帝發笑，不妨向祂介紹你的計劃。）

這句話差不多令這本書不能面世。六十歲那一年，Lucy 已開始享受

第四章　世界潮流　十大思想領袖

她的教書生涯。一天，她與姐姐 Kate 聊天，她說正想寫一本書，描述自己轉型的動機及經歷。Kate 聽後不發一言。Lucy 知道這是代表她不以為然。於是她說，「有何不好？」

Kate 反問，「整本書？有誰會讀？每個人條件際遇都不同，你的故事對誰有用？所謂轉型，並沒有特定邏輯或模式，你的經驗有誰會有共鳴？」

Lucy 不服氣，「現在的人普遍長壽得多。往往不知自己會活多久。精算家 Aviva 估計我至少會活到 93 歲，我 50 多歲時開始轉型，可以更好地運用未來的幾十年。我感覺到很多人都有這念頭，只是沒有勇氣去實行。我寫這本書，不是要人仿傚我做老師，而是鼓勵他們也放胆去規劃未來的人生。」

Kate 還是不信服，反而引用 Woody Allen 的名句來說明 Lucy 的想法會令上帝發笑。

Lucy 很敬愛 Kate，知道她的好意，也尊重她的判斷。於是便把寫書的計劃放下來。

過了數星期，Lucy 始終念念不忘她的計劃。但這時她的想法有了新的內容。她不僅自己成為教師，還打算成立一個組織 -Now Teach- 去協助其他有興趣的人進行轉型。

但為甚麼要做教師？有兩個重要的原因。

第一，很實際地說，五，六十歲的人要轉業，並無太多選擇。他們很難從頭進修一些專業資格，例如醫生，律師，飛機師，工程師，會計師等。至於一些無需專業資歷的行業，確實入行比較容易，但往往競爭太過激烈，不容易獲得穩定而合理的收入。教師是需要一些專業訓練，

但可以一邊教，一邊進修，一開始便有收入。

第二，Lucy 覺得是特別重要的，是協助解決一個重要的問題。首先，Lucy 自己與及 Now Teach 的教師所任教的學校，不是一般的學校，而是大城市中條件較差的學校，即所謂 Inner city schools，學生主要來自貧民區及低收入家庭，校舍環境及條件都較差，甚至極差，師資不足，待遇不好，動機也低，成績低落。總而言之，在 Lucy 的觀察中，就讀這些學校的孩子前途絕不樂觀。加入 Now Teach 計劃的準教師，清楚知道他們任教的學校將會是這些極具挑戰的學習環境。

表面上看，Lucy 好像是安排「送羊入虎口」。但其實她是用心良苦。Inner city schools 最需要的是良好師資，但卻不易獲得。Now Teach 吸引的是有相當工作經驗的有識之士，包括創業者，行政人員，專業人士，志願團體（NGO）從業者，甚至公務員等，他們的工作經驗，人生閱歷，社會網絡等，對他們的教學工作與及用「身教」來啟發學生都有很大的作用。

相對來說，一般教師都是從學校及大學訓練出來，較少人生經歷，尤其是大部份從教數十年的老師，即使不是僵化，也會往往有點與社會脫節。Now Teach 所提供的教師，剛巧在這方面填補部份空白。

順便一提，在美國及國際上享有盛名的 Teach For America（為美國而教），30 年前成立，至今已累積有超個 14,000 教師參與計劃，主要服務的學校亦是 Inner city schools 及鄉郊偏遠的學校。www.Teach For America.org

受「為美國而教」啟發而成立的「為香港而教」，亦是針對條件較差的學校而設，主要是 Band3 學校。www.tfhk.org 只是「為美國而教」及「為香港而教」都是以應屆大學畢業生為對象，而 Now Teach 則是以接近退休或剛退休的人士為對象。

第四章　世界潮流　十大思想領袖

◊ 驚心動魄

大家讀到書名會否也有這感覺？轉了工，轉了居所，轉了丈夫，轉了髮色。但還有一個字：Re-educated（再教育）。後者應該是主題，前者只是副題。

你也許會問，進優是否必定會帶來這麼大的轉變？

簡單的答案，是不一定。深層的答案，是要有心理準備，重大的變化是會出現的。

為甚麼要轉工？Lucy 從牛津大學畢業之後，第一份工的僱主是 JP Morgan。雖然薪金優厚，但工作一點也不稱心，事實上，她覺得恍如在煉獄，是 stress（壓力）與 boredom（沈悶）的混合體。一年之後便離職，並發誓以後不再在金融行業工作。

想不到，她後來找到一份夢幻職業，也有著「金融」兩個字。26 歲那年，她加入了《金融時報》當記者，一做便做了 32 年，頭 12 年做採訪工作，包括外派駐歐洲兩年，最後 20 年擔任專欄寫作。

說這是夢幻職業（事業）一點不為過。她可以充份發揮所長，做自己喜歡做的事，又可以接觸及訪問很多有能力影響國民經濟及企業發展的翹楚，加上薪金及福利引人羨慕，更享有難得的社會地位。

她記得有一次在一個酒會上與一個陌生人交談，人家問她在那裡工作，她說金融時報。對方跟著問，「是否 freelance（兼職）？」她回答說，「在金融時報是無兼職的，所有都是全職受薪的。」

她經常都告訴自己，得到這份工，而且做了這麼長時間，是很多人夢寐以求之不得的。她很珍惜這份工作，亦非常引而自豪。

但是，56 歲的一年，她突然問自己，是否應該繼續做下去，抑或是

時候嘗試新的東西?她和一些至好的朋友及同事談論自己的想法,全無例外地所有人都不認為她應該放棄現有的工作,包括她的上司。

但這些都不能動搖 Lucy 的決心。後來她在她的專欄上宣布自己即將離開金融時報,她坦白地說,「我已經不覺得自己可以在工作上有任何進步,我會找另一個職業,從低做起,相信會有另一個新天地。」

她知道,雖然這些是俯肺之言,肯定沒有太多人會明白。但不打緊,反正是個人的選擇,並不需要其他人的認同。

(讀者們,你有勇氣作這類決定嗎?)

這令我想起 Robert de Niro 在電影 Intern 中的一句說話,

Musicians don't retire. They stop when there's no more music left inside of them.

一個人進優與一群人進優

Lucy 進優經歷的一個獨特的地方,是她自己開始進優的時候,同時號召與她背景相若的人一起進優,還創辦了一個非牟利團體(Now Teach)來進行。她自己開始接受師資培訓來獲取專業教師資格的時候,Now Teach 的參加者也是同時接受培訓。

Now Teach 創辦之初,也不知會有多少人回應,Lucy 在不同的渠道去宣傳,她和另一個創辦人要安排篩選及面試應徵者。這是一個全新的嘗試,全無先例可援。與此同時,又要物色學校,解釋計劃的用意及運作形式,爭取他們的支持。此外,還要籌款,用作教師薪金之用。

Lucy 在大機構工作多年,但全無創業或管理的經驗。現在自己進優,還要照顧一群人一起「冒險」,對她是一個莫大的挑戰及考驗。

第四章　世界潮流　十大思想領袖

　　Now Teach 第一年應該有多少名教師啟動最為理想？Lucy 及她的夥伴皆無底。最後大膽定了一個目標：30 名。

　　最後，第一年便有 47 名，跟著幾年每年都有增加，第二年 75 名；第三年 83 名；第四年 140 名。在 2017 至 2023 年間，一共有超過 850 人通過 Now Teach 成為了教師，他們的背景包括商界，公務員，專業人士等，平均工作年數為 27 年，即是接近退休或剛退休不久。

　　Lucy 這個例子十分獨特，甚具啟發，一人進優感染多人進優，形成一個運動。

　　各位如果考慮進優，我強力建議你首先細讀這本書。

第四本

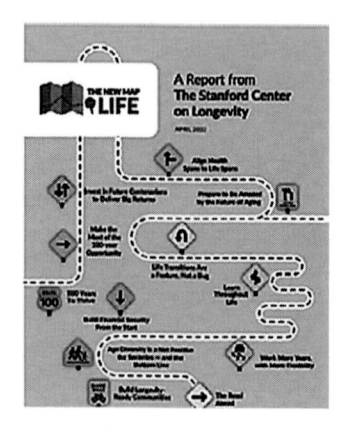

The New Map of Life：A Report

目錄

1. Make the Most of the 100-year Opportunity 掌握百歲人生的機遇

2. Invest in Future Centenarians to Deliver Big Re turn 投資在未來的百歲人回報最高

3. Align Health Span to Life Span 將健康歲月與生命歲月看齊

4. Prepare to be Amazed by the Future of Aging 未來的高齡多姿多采

5. Life Transitions are a Feature, Not a Bug 過渡將是常態，而非煩惱

6. Learn Through out Life 終身學習

7. Work More Years, With More Flexibility 工作年數增長，但充滿彈性

8. Build Financial Security from the Start 孩童階段便建立理財能力

9. Age Diversity is a Net Positive for Societies 多世代共存對社會有正面作用

10. Build Longevity-Ready Communities 建立支持長壽的社群

The Road Ahead 放眼未來

時至今日，人人都親眼見到，一般人的壽命確實延長了很多，這已是不爭的事實。但是大家可能沒有想過，究竟延長了多少？與及這個「量變」會否導致「質變」？

2020年十月，斯坦福大學長壽研究院發表了一份研究報告（精讀本只有十六頁，值得細讀），題為「人生新藍圖」，就是探討這個量變与質變。首先，這份報告為量變提供了一些頗為駭人的統計數字。原來在整個二十世紀，即1900至2000這一百年，人類整體壽命增加了三十年，從1900年平均壽命三十至四十提高至2000年的六十至七十。這是人類歷史上從來未出現過的現象。而且這個趨勢會繼續維持，二十一世紀過程中，人類壽命会繼續延長，說不定又是三，四十年。

這帶出一個有趣的問題。

第四章　世界潮流　十大思想領袖

既然大多數人的壽命都延長了這麼久，這額外的三十年去了那裡？

原來都不自覺地把它放在人生最後的階段，即退休之後。所以現在很多人，到了退休年紀突然察覺還有三、四十年壽命，往往有点不知所措。

斯坦福大學這份報告書，明確指出這並不是運用這些歲月的最佳方式。他們提出「人生新藍圖」，就是提醒世人要用全新的角度去看待這前所未有的長壽人生。具體而言，是必須拼棄支配着二十世紀的三段式模式，即「求學 - 工作 - 退休」，而要重新規劃整個近百年的人生。這就是所謂「人生新藍圖」。

這個新藍圖，並不是有明確步驟及細致的規劃，而只是一些基本原則，方便大家用自己的方式來想像及設計人生，包括下列各點：

1. 出生在二十一世紀的人，很大機會活到一百歲開外，這和上一世紀的人截然不同。

2. 不應等到退休之後，才去享受不斷增加'額外'壽命，因為這可能是三十至四十年。

3. 假設你有額外三十年壽命，分成十份的話，便等於每十年便有三年，人生不同的階段中可以好好來運用這三年。

4. 例如童年，不必像過去一樣，急急完成幼稚園便馬上讀小學，然後又急急上中學。大可以慢點來，花上五至六年去享受幼兒教育，或是乾脆不上幼稚園，或是參與類似「安吉遊戲」的課程，何需為所謂起跑線費心？

5. 可以預料，小學及中學將會出現空前的變革，因為現有的制度是二十世紀的產品，與廿一世紀的社會，經濟，政治，科技變化愈來愈脫節。世界各地都出現愈來愈多中，小學生拒絕上學的現象。會變成怎樣？

現在言之尚早，但肯定的至少有兩點：一是會讓學生有更多空間自主學習；二是有更多「項目為本」（project based）的學習，將知識的吸收與解決問題結合起來。小學及中學極有可能分別延長至八至十年。

6. 不論在中學，大學，以至研究院階段中，各種形式的「間隔年」將會大行其道，這可以是休息，旅遊，反思，工作，當義工，學一門手藝，創業等，都會成為年輕人成長的一部份。反正百歲人生有的是時間。

7. 始終都會有工作謀生的時間，但也可以用全新的角度去看待。首先，不應像上世紀一樣，一做便不停下來，一直到退休。大可以每做一段時間，便停下來一、兩年，可以重新學習，或旅行，或照顧家人，或當義工等。其次，也許是更重要的，是可以支配自己的時間，去思考重要的人生問題，包括甚麼是最理想的工作，甚麼是最大的熱枕，甚麼是最有意義的人生等等。

8. 百歲人生會否都有退休的一天？有，但也可能跟過往的很不一樣。甚麼是退休年齡？愈來愈說不清。

官方的退休年齡肯定會與社會實際情況脫節。反正可以根據自己的健康狀況，經濟條件，興趣及經驗，來決定跨越了制度上的退休年齡後做些甚麼事。可能是繼續工作，全職或兼職，或是學習新的技能，或是從事教學培訓，或是參與義務工作，旅遊或到外國長住或短住，甚至創業，從政，探險等。簡直是海闊天空。

9. 當然還有一個選擇，就是進優。

我受這份報告的啟發，作了一個 TED Talk（英文），題為 A New Look At Your Life：

https://www.youtube.com/watch?v=uckigu-r25c

內容是這樣的：我為大家送上：一個好消息 + 四個壞消息。

第四章　世界潮流　十大思想領袖

好消息是大家都極有可能活到 100 歲。就是這麼簡單，但意義重大，影響深遠。

壞消息其實很多，這裡集中說四個。

1. **毫無準備** – 我深信大家毫無準備，因為整個世界都無準備，最好的證明就是人們往往在退休後才發現自己有多了 30 年壽命。

2. **不夠錢** – 對大部份人來說，並無足夠的養老金或積蓄應付長壽的需要。例如在日本，便出現了為數眾多的「下流老人」，即經濟條件不能應付長壽的需要。

3. **大量阻力** – 由於整體社會沒有準備，很多觀念，制度，習慣，政府政策都不利於大眾享受「突然而來」的長壽。

4. 人類有史以來，便不斷探索生命的意義，但一直以來都仿如是智者，聖賢的專利。一般人覺得自己沒有足夠的智慧來思考這個問題，何況生命苦短，那有空閒來探索？但當差不多每一個人都可以活到 100 歲開外時，很多人都會無可避免地要面對這問題。為甚麼我要活這麼久？活著有甚麼意義？人為甚麼要生存？等等。

Laura Carstensen 教授是 Stanford Centre of Longevity 的始創人及主任，這個報告書並不是她一個人的手筆，而是她策劃及領導的數百名專家，學者的集體結晶。

這些專家還以小組形式，編寫了多個主題的報告，全部都在網上可以免費下載。

Laura 的使命，是廣泛地宣揚這報告的信息，讓社會領袖，企業領導人，政府決策者，與及廣大民眾，都能深明生命新藍圖的意義，從而改變他們的生涯規劃，生活方式，以至人際及跨代關係，與及多方面的社會制度創新。確實是任重道遠。

第五本

Halftime: Moving from Success to Significance

From Peter Drucker's Forward to the First Edition, 1994

This is a most unusual, indeed a unique, book – at least I do not know of any book that is even remotely similar.

This book is far more than an autobiography. Without preaching, without trying to be 'scholarly', without statistics and academic jargon, this book tackles the fundamental social challenges of a developed and affluent society such as ours has become.

Today a growing number of people expect to find what Bob Buford found: that they enjoy their work, that they become better as they become older, that they are not ready to retire even though they may have the means to do so. And yet when they reach their mid-forties, the work they know and love is no longer challenging. They need new stimulus…They want to find the sphere in which they can serve their values by putting to work what they're good at, using their strengths, knowledge, and experience they've already gained.

There are new challenges, unprecedented ones. And this book is the first one, to my knowledge, that masterfully present them and shows how to address them. This is pioneering of a high order. This is social analysis of a high order. And it is also a self-help book of the highest order

From Jim Collin's Forward to the Updated and Expanded Edition, 2007

Bob Buford has a peculiar genius for inspiring people to embrace discomfort. In Halftime, he asserts that the old world of arduous career followed by relaxing retirement should be replaced by the idea that the second half can – and should – be more creative, more impactful, more meaningful, more adventurous, and filled with more learning and contribution than the first half. A successful first fifty years should be viewed as nothing more than a good start

Do not read this book if you want your life to be easy and comfortable. Do not read this book if you want to coast to the finish line. Do not read this book if you want to take rather than give. But if you have a deep desire to be of use, to learn and to grow right up until the day you die, you'll find Halftime an invigorating challenge

"This inspiring book comes out of the mind and heart of a truly remarkable individual and addresses an enormous need in our society – how to find meaning and fulfillment in the second half of our lives."

—— Stephen R Covey

"This is the book I am giving to my children."

—— Max DePree

Preface

Foreword to the Expanded Edition by Jim Collins Foreword to the First Edition by Peter Drucker

Part I–THE FIRST HALF 第一部份 —— 上半場

1. Listening to the Gentle Whisper 1. 聆聽溫柔的呼喚

2. The Hour of Reverse Conversion 2. 反歸化之時

3. A Season of Searching and Self-Help 3. 尋覓與自助的季節

4. Success Panic 4. 成功的驚惶

5. Locating the Main Spring 5. 找尋動力的來源

6. 'Adios, Ross' 6. '永別了，Ross'(Ross 是 Bob 的獨子，終年 24 歲)

Par tII–HALFTIME 第二部份 – 半場休息

7. Taking Stock 7. 自我盤點

8. What Do You Believe? 8. 你相信甚麼？

9. Find Your Own Way 9. 自尋出路

10. From Success to Significance 10. 從成功到意義

11. Finding the Centre and Staying There 11. 抓緊重心堅持到底

12. Staying in the Game But Adjusting the Plan 12. 繼續比賽但改變策略

13. Overlapping Curves 13. 平行曲線

14. Leaping into the Abyss 14. 振臂一跳

Part III–THESECONDHALF 第三部份 – 下半場

15. Life Mission 15. 人生使命

第四章　世界潮流　十大思想領袖

16. Regaining Control 16. 重掌主導

17. Healthy Individualism 17. 健康的個人主義

18. Lifelong Learning 18. 終生學習

19. Respect for Externals 19. 敬重外界環境

20. Playing for All You're worth 20. 把一切投進去

21. The Money Question 21. 財富問題

22. A 50/50 Proposition 22. 一個五五提議

Frequently Asked Questions 常見問題

Questions for Reflections and Discussion 反思及研討問題

The Wisdom of Peter Drucker 杜魯克的智慧

An Interview with Bob Buford 訪問 Bob Buford

本書可以說是探討進優的鼻祖。是我知道最早討論為甚麼要進優以及如何開始進優的書。請留意：是同時論及 WHY 與 HOW 的書。

第一版在 1994 年面世，當時還未有 ReWirement（進優）的意念及名詞。Bob 用了 Halftime 來描述這階段，十分傳神地捕捉了這個特別的人生階段。

正如大部份球類比賽都有半場休息一樣，人生過了大概一半光景，也應停下來，休息一下，作一些系統性的反省及檢討，重新部署人生下半場。

Bob 特別想說出，即使上半場有甚麼成績——無論領先或落後多少——決勝的時刻只有在下半場才出現。他用這個比喻來指出，一個人無論在上半場有多大成就，但是生命並未完結，下半場還有很長的時間，仍然有很多的空間創就更大的成就。只不過，這裡有一個很大的分

別。一般球賽中，上，下半場同樣是爭取入球。但在人生中，上半場追求的是俗世的成功，例如財富，名譽，權力等。但在下半場，所追求的卻是有意義的貢獻。

Bob 1939 年出生，來自一個寒微的家庭。父親是一個嗜酒的獵人，亦曾是 Oklahoma（俄克拉荷馬州）的射擊冠軍，但在 Bob 還在讀小學的時候便離世，留下三個兒子由母親一人撫養。

母親曾改嫁兩次，但都遇人不淑。她賴以為生的是管理一個小鎮電台。後來舉家搬往德薩斯州，繼續以管理電台為生。那時電視還未出現，電台差不多是一般民眾唯一的新聞及娛樂媒體。後來有線電視初露頭角，Bob 的母親找準機會，在德州經營了第一個有線電視台，創辦了 Buford Television 公司。Bob 是長子，一直協助母親經營電台及電視的業務。他中學的時候，已決定在這行業發展。

Buford Television 的業務發展迅速。Bob 在 31 歲時便接手管理公司，成為 President 以及 CEO，十年間把它打造成為全國數一數二的有線電視公司，一時傳為佳話。

然而，40 出頭的 Bob，便開始感受到內心的呼喚，要追求新的突破，新的意義。

但他繼續領導公司發展，只是將大部份時間放在他認為是最有意義的事情上，他後來用 Parallel Career（平行事業）來描述這種安排。請留意他說的是「平行事業」，不是「平衡事業」。Bob 是把 80% 的時間及精力放在新的事業上。

就在這個時候，他開始思考人生下半場的問題。他深信，一個人無論在上半場有多大成就（或是全無成就），但下半場仍然是海闊天空。可做的事情，可作的貢獻，可創造的意義，都是無可限量的，唯一的限制

第四章　世界潮流　十大思想領袖

只是自己的想像力及意志。

況且，在人生下半場可以充份運用上半場累積的技能，經驗，閱歷，網絡等，包括在失敗，挫折中得到的教訓及啟示，下半場確實是難得的空間，進一步發揮自己的才能及潛能，去做自己認為是最有意義的事。

在這裡，要指出一個關鍵的意念，亦是 Bob 對推廣進優的其中一個最大貢獻。

他雖然提醒了大家上半場與下半場的分別，但上半場與下半場之間並不是「無縫」的，即是說，一個人並不是輕易地便由上半場直接進入下半場的。若用球賽的比喻，就是不會時間到了下半場，馬上吹哨一聲便進入下半場，而是有一段休息時間，才進入下半場。

人生也是一樣。一個人覺得自己踏進上半場的最後階段，但不是因為知道了下半場這觀念，便可以直接進入下半場，而是需要通過一個過渡時期（相當於半場休息），作有系統性的反省，反思，再作重新的部署及準備，一步一步過渡至下半場。

有些人自己以為已明白及擁抱人生下半場的理念，便可以立即進入下半場。這並不是絕對不可以，但可能會多行一些冤枉路，因為準備不足。事實上，亦沒有人說得準究竟要有甚麼準備。

難怪 Peter Drucker 上世紀末已說，「現代人有兩個人生：第一人生及第二人生。第一人生的教育似乎太多，但我們卻未有為第二人生而設的大學。」

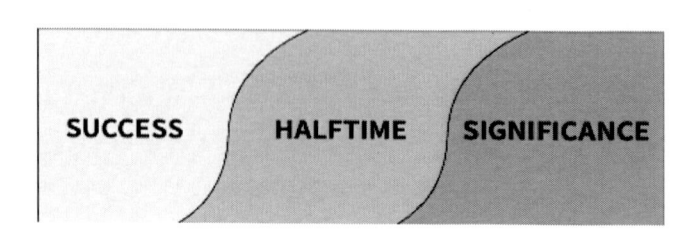

| SUCCESS | HALFTIME | SIGNIFICANCE |

人生下半場正需要有新型的大學為人們作準備。Bob 亦深明此點。所以他的書名為 Halftime，特別把全書分為三大部份：上半場，半場休息，下半場。而全書最重要的部份是第二部份：半場休息。坊間的中文報導及介紹，很多是只突出「人生下半場」的概念，實在是忽略了半場休息的關鍵作用。

在第十三章的第三頁，Bob 用了這幅圖來表示所謂中場休息，不會是很短的時間，而是可長可短，因人而異。他說過，可能是數月，也可能是數年，亦有可能永遠不進入第二人生。

我在本書第二章：觀念突破中也提到退休心態與進優心態的分別：

退休心態	進優心態
一切慢下來，享受平靜清淡的生活	一切重新部署，創造更多姿多采的人生
不再工作，可能做些義工	繼續選擇性地工作，同時也做義工
沒有太大動機去學習新知識，新技術	從容地學習新知識，新技術，並尋求應用的機會
以退休金或積蓄來維持生活，不再追求新收入	以退休金或積蓄來維持生活，同時繼續創造收入
減少社交應酬，朋友圈子愈來愈小	結識新朋友，線下線下圈子愈來愈闊
有時間及精力去提升身心健康，達至延年益壽	有時間及精力去提升身心健康，延年益壽之餘，也可以對社會多作貢獻
對社會事務興趣減少，尤其是世界大事	更有心有力去關心社會事務，包括社區及世界大事
不再有夢想，亦覺得沒有精力去追尋	繼續有夢想，並有精力去追尋及實現
自覺人生的高峰已然過去	自覺人生的高峰有待追求

明顯地，這也不是一個簡單的過渡，需要當事人有意識地去改變，去創造，去排除障礙及阻力，包括觀念上，行為上，習慣上的蛻變。

Bob 在書中用了很多篇幅來說明所謂 Halftime 這階段的種種挑戰。他亦感覺到，對於不少人來說，可能需要一些協助或輔導。書上已有很

第四章　世界潮流　十大思想領袖

多的提示，所以杜魯克亦覺得這是一部行動指南。

但 Bob 更進一步，他在書出版之後，設計及主持過不少講座及課程，來幫助有意進入下半場的人士。並為此以創辦了 Halftime Institute，此組織時至今天仍然十分活躍，網站上介紹著在全球多個地方舉行的不同課程，詳見 www.halftimeinstitute.org。在香港也有分部。

第六本

How to Live Forever: the Enduring Power of Connecting the Generations

"This is a must-read for anyone interested in creating a more inclusive and unified society for future generations.

—— Michael D Eisner

"How to Live Forever is a beautiful guide for helping all of us to embrace the journey of life and contribute all we can at each stage. I'm so grateful to

Marc Freedman for sharing this vision of a society that values and maximizes everyone, young and old."

—— Wendy Kopp

"A beautifully written, often funny, and deeply moving guide to finding purpose and joy in the second half of life, How to Live Forever is a blueprint for making the most of our multigenerational future. I love this book and you will, too."

—— Henry Timms

"Part surprising history, part fascinating sociology, part inspiring manifesto – you close Freedman's book feeling determined to end age segregation, and better yet, crystal clear on how to do just that."

—— Courtney E Martin

目錄

Foreword 前言 by Chip Conley

Introduction EXTENSIONS 導言伸延

Making the most of a society with more old than young

如何善用一個長者多過年輕人的社會

1. Biology Flows Downward 生物性向下移

The real fountain of youth is the same place it has always been

2. Love and Death 愛與死亡

Where are the human beings to do those things only human can do?

第四章　世界潮流　十大思想領袖

3. Age Apartheid 年齡隔離

If connecting across generations is so natural, why isn't it happening everywhere?

4. An Army of Youth 一隊青年軍

What we learned from launching Experience Corps

5. Dreaming and Scheming 夢想與心計

Finding new ways to do old things

6. A Village for All Ages 全齡村

What the rest of the world can teach us

7. Rerouting the River of Life 重整人生河道

If biology flows downward, why not society?

8. Living Mortal 活生生的凡人

How to live through letting go (and other lessons from the master)

Epilogue We Wait Too Long 等待已久

More conscious than ever of the passage of time

明顯地，這裡介紹的十本書都對我有很大的啟發。但 How To Live Forever 可說是對我有最直接的影響，包括我每日的所思所為。

一言以敝之，就是我完全身體力行 Marc 的主張，就像書的副題所言，The Enduring Power of Connecting the Generations，發揮著跨代共融的威力。

誠然，人不可以長生不死 (live forever)，但通過與較年輕的人走在一起，一齊發夢，一齊奮鬥，將我們的智慧，技能，經驗，資源等與

他們分享，通過跨代合作，我們的夢想與貢獻可以歷久不衰。

最令我印象深刻的是第三章：Age Apartheid（年齡隔離）。大家可能未聽過這詞。我也是在這裡第一次接觸到這概念。Apartheid 本身是指種族隔離，即不同種族的人被分隔起來，不准溝通，不准交往，不准共用資源，而且在社會上有不同的地位，待遇，權益等。

很多長期推行種族隔離的國家及社會，近年來都紛紛取消（或至少減低）隔離，但想不到很多社會卻出現另一種隔離 – 年齡隔離，特別是將年長的人與其他年齡的人分隔開來。

Marc 在書中作了一個總結，他說：

「在今日的美國，年齡隔離的問題比種族隔離遠為嚴重。」

而且已變得習以為常，見怪不怪。大家不要以為這只在美國發生，其實在世界各地皆普遍存在，包括香港，內地。

以下是一個很好的例子：

在美國及大多數經濟發達國家，都出現了很多專為退休人士而興建的退休社群，或通稱退休村（Retirement Village）。這些往往都是私人開發的大型屋邨，住客數目可以數以千計，甚至萬計。其中一個最早的退休村座落美國亞利桑那州（Arizona），名叫 Sun City，有五萬多個住客，佔地 9,000 多英畝。

究竟有多大？我給你一個提示，里面有多個高爾夫球場，不是一個，不是兩個，而是四個。規模之大可想而知。我看過多個宣傳片，介紹村內的種種設施，與及住客的日常生活。

各類球場，多種泳池，健身室，康樂室，緩跑徑，按摩室，大草地，種植場，果園，手工藝室，電影院，多種口味及級別的食肆……差

第四章　世界潮流　十大思想領袖

不多所有的娛樂，消閒設施都應有盡有。住客們絕大部份是年長夫妻，少數是單身人士，當然是全無其他年紀的住戶。兒童及年輕人，即使是住客的子女及子孫，也不准住宿。

住客日常的活動，可說是多姿多采。可以用 Everyday Club Med（地中海俱樂部）來形容，每天（事實上是每小時）都可以享受不同的設施，無拘無束地盡情享用，又可以隨時駕小車回到自己的房子去休息。

◊ 天上人間？

當你在視頻中看到住客在此的享受，你可能產生羨慕之心，甚至會想像自己能否有此機會在這樣的環境中退休。

可是，同樣的視頻也會給你這樣的一個信息：

「你已經老了，社會再不需要你，你自己找個地方去生活吧！不需要再見到你們了。」

這就是「Age Apartheid 年齡隔離」的最佳寫照。

在大多數地方，一般人都覺得年長的人是再沒有社會價值。你有條件的話（能住在 Sun City 或其他退休社區的都是有相當經濟能力的人），你便自己去找你的安樂窩，社會再用不著你，你大可以自生自滅，與你差不多年紀的人一起享受餘生好了。

Marc 是極力反對退休村的設計（雖然這是極大的商機，世界各地的發展商皆樂此不疲）。他認為這是將年齡隔離制度化。香港雖然因為土地稀小而未有大型退休村的出現，但安老設施的設計也是採用同樣原則，把長者與社會分隔開來。所帶出的信息同出一轍。

現在我在香港，內地，及外國見到純粹為長者而設的退休社區，便

聯想到年齡隔離的不良後果。我自己不僅絕不會採用這些設是，亦不鼓勵別人採用。

你也許會問，那怎樣的退休居住環境才是最好？

Marc 亦有同樣的問題。所以第六章題為

A Village for All Ages 全齡村 What the rest of the world can teach us

未介紹 Marc 的答案前，首先要指出，最佳的安排是居家安老，即是說，非逼不得已，不應選擇入住安老院或安老社區（包括在內地）。

現在世界各地都已出現新的嘗試，用所謂「全齡」的概念去設計長者的居所。最基本的原則，是方便長者日常生活中可以接觸到其他年齡的人。不是說一個居住單位內讓數代共住，而是一座大廈，一個屋苑，或一條「村」，可以有不同世代的人一起生活。

在台灣，這叫作「全齡」，現在已有不少建築物及社區標榜這個概念，漸漸成為物業發展的一個新趨勢。在香港，似乎還未有這類物業出現。

從 Marc 的角度來看，美國乃至大多數西方國家，還未有這種概念，因而繼續建設專為長者而設的退休村及退休社區，客觀的後果就是強化著「年齡隔離」的安排，習以為常，根深蒂固。Marc 在這一章用了 A Village for All Ages 為題，就是希望這種形式的安老住所可以出現。

由於他在美國本土找不到有代表性的案例，他要親自到世界各地搜尋這些例子。不過，這些例子確實不易找，他所舉的例子中最舉代表性的在星加坡。

第四章　世界潮流　十大思想領袖

這個項目就是 St.Joseph's Home for the Aged and Hospice in Singapore https://stjh.org.sg/

基本上這是一間老人院，加上提供臨終照顧服務的療養院。但在大廈設計及週邊環境上相當特別。

主樓是多層式的大廈，三樓以上是供長者住宿的地方。最低一層有一家托兒所，每天都有家長送小孩來托管，傍晚來接走。小孩除了得到專職人員照顧，亦有機會與住在樓上的長者互動及玩樂。

二樓是一個新穎的安排，是星加坡第一個 Intergenerational Playground（跨代遊樂場），方便不同世代的人一起消閒及進行各種遊戲活動。每逢週末及假期，往往是人山人海，蔚為奇觀。

使用者來自全城不同角落，大都是兩代或三代同行，比一般所說的親子活動更具跨代性。經常有 NGO 負責策劃活動，提高娛樂性，挑戰性及共融性，亦有一些公司及團體安排活動，供屬下員工或會員參加。長者住戶有些會陪同親友參加，亦可以個人單獨參與。都於旁觀者來說，亦會感受跨代共融的威力。

St. Joseph's Home 的所在地也一點不尋常。它位於 Jurong West，一個舊的工業區，但在過去十多年轉向高科技發展，Google Singapore 的總部就在這裡落戶，旁邊是一座巨廈，叫作 Supply Chain City，設備世界一流，號稱是」亞洲供應鏈神經中心」（Asia's Supply Chain Nerve Centre）。

對面街是一間小學，附近還有一間青少年懲教所。住在 St. Joseph's Home 的長者亦不時與這些年輕伙子有接觸及互動。有些長者當了小學同學的導師。St. Joseph's Home 亦提供了地方，讓懲教所的青少年在大廈內開設了一間咖啡室，向大眾開放，通過營運生意協助他們更生。

由於 St. Joseph's Home 亦有提供臨終服務，院方與一個NGO合作，設計了一些別開生面的生死教育活動，廣受歡迎。其中一項名為 Happy Coffin（快樂棺材），目的是 To over turn the stigma of death by transforming the coffin from a symbol of fear, grief, and dread into a celebration of life, love, hope.（將棺材所代表的恐懼，悲痛，可怖轉化為對生命，愛及希望的慶賀）。

St. Joseph's Home 的院長是一位修女，她認為不同年紀的人生活在一起，互相照顧，互相支持，互相鼓勵是最自然不過的事，她稱之為「Circle of Life」，因為 They remind us of the purpose of life and of the importance of play and simplicity.（提醒我們生命的意義與及遊戲與單純的重要性）。

Marc 用這個例子來帶出兩件重要的信息。一是停止興建只供長者居住的退休村或社群，因為這會強化年齡隔離。二是以「全齡」為指導思想，來設計能促進及方便不同年齡人士共同生活的居住環境。

How To Live Forever 一書的副題是：The Enduring Power of Connecting the Generations.

關鍵詞是 connecting 值得留意的，是這不單要抗拒年齡隔離，反轉隔離，還包括年長人士主動出擊，用不同方式與其他年紀的人走在一起，互相學習，分享智慧及經驗，一起發夢，一起奮鬥，包括一起創業，一起推動社會運動等。

在香港，我發起及推動的「滿竹跨世代」，就是一個很好的例子。這個運動在疫情期間萌牙，有四個互相關連的使命：

1. 工藝傳承 – 包括搭棚技術及其他竹藝，發揚光大
2. 環保推廣 – 以竹為槓桿，推動採用可持續物料

第四章　世界潮流　十大思想領袖

3. 創意激發 – 以童心再現為出發點，重燃創意的積極發揮

4. 跨代共融 – 所有活動都可以有跨代參與，而長者發揮著先導角色

此運動亦日益成熟，數以百計的不同年紀人士掌握了搭棚技術，或參與了其他竹藝創作（包括竹燈，竹編，竹筏，竹傢俱等），他們的創作品亦有機會在不同的公眾場合展示。

滿竹跨世代的線下及線下活動，令愈來愈多人認識到竹的可持續性，及對抗衡氣候變化的重要性。通過接觸竹，運用竹，愛上竹，參與者對以竹代塑，以竹代木，以竹代金屬等有著更深刻的瞭解及認同。

香港的各級學校都是不鼓勵創意發揮的，在大多數的工作環境也如是。滿竹跨世代的活動提供了難得的空間，讓參加者盡情發揮創意。基本上，當他們掌握了搭棚技術後，可以設計天馬行空的東西，也很大機會可以創造出來。

我們最感恩的，是所有活動都可以自然地達至跨代共融。事實上，我們無需刻意營造共融效果，而客觀上我們的活動便是共融於無形。其中一個原因是因為大多數的認證導師都是年長人士。

滿竹跨世代反映出的效應，就是年長的人士主動出擊，結合不同年代的人，一起發夢，一起學習，一起創造奇蹟。

也許這就是 Marc 所說的 enduring power of connecting the generations（跨代共融的深遠威力）。

第七本

Disrupt Aging: A Bold New Path to Living Your Best Life at Any Age

"Jo Ann Jenkins doesn't just challenge the stereotypes of aging, she reduces them to rubble, showing that our later years can be just as productive, meaningful, and purposeful as our primary working years."

—— Arianna Huffington

"In this personal and thought-provoking book Jo Ann Jenkins inspires us to seize the opportunities that longer life give us and to embrace aging as something to look forward to, not something to fear."

—— Jeff Gordon

"In Disrupt Aging Jo Ann Jenkins offers us the generational call to action we've been waiting for – to break free from outdated ideas about age, to embrace the rich possibilities present in the decades opening up beyond fifty, and to join a movement of individuals determined to live lives infused with purpose. Beautifully written, full of humor and inspiration, and powerfully argued, this book offers the definitive map for making the most of the longevity revolution, as individuals and as a nation."

—— Marc Freedman

目錄

Introduction Why Disrupt Aging? 序言 顛覆關於老年的成見

The idea of living a long life appeals to everyone, but the idea of getting old doesn't appeal to anyone"

1. The New Reality of Aging 邁向高齡的新現實

"Aging is not 'lost youth' but a new stage of opportunity and strength"

2. Own Your Age 擁抱你的年齡

"Nowadays, I don't want a 'perfect' face and body, I want to wear the life I've lived"

3. Design Your Life 設計你的生命

"The only worthy goal is to make a meaningful life out of an ordinary one."

4. Take Control of Your Health 管控你的健康 " "If I'd known that I was going to live this long, I would have taken better care of myself."

5. Choose Where You Live 選擇何處居住

"Life's a voyage that's homeward bound."

6. Finance Your Future 為未來理財

"I have enough money to last the rest of my life, unless I buy something."

7. Put Your Experience to Work 把經驗派上用場

"There is no such things as work-life balance. There are work-life choices, and you make them, and they have consequences"

8. Let's Change the Rules 讓我們改變規則

"You never change things by fighting the existing reality. To change something, build a new model to make the existing model obsolete"

9. A New Vision for Living and Aging in America 為美國構建生活與高齡化的新願景

"You can never plan the future by the past."

要充份了解本書的意義及重要性，首先要理解作者的背景。Jo Ann Jenkins 是美國 AARP 的行政總裁。

AARP 代表 American Association of Retired Persons，是全球最大的志願團體（NGO），擁有超過四千萬會員。美國人年滿 50 便可申請入會，並無其他門檻。規模之大可以從下列數字反映：

- AARP 的雙月刊 The Magazine 是美國流通量最高的雜誌，讀者數目接近五千萬
- 全職僱員 2,250 人
- 每年會費收入超過三億美元（2020 數字，下同）
- 每年廣告收入超過一億四千萬美元
- 每年商業贊助收入超過九億美元
- 全年財政預算達 US$1,648,795,000（十六億美元）

AARP 於 1958 年成立。創辦人 Ethel Percy Andrus 可說是一個進優先鋒。她是一位教師，後來當上了校長。她退休之後發覺很多退休

第四章　世界潮流　十大思想領袖

教師都入不敷出，生活異常艱苦。當時退休金微不足道，大約只有每月四十美元，根本不能應付基本生活所需，同時，絕大部份教師亦無任何醫療保險（Medicare 只在 1965 年才出現）。

有一天，她探訪一位患病的退休教師，發覺她的居住環境異常惡劣，生活得完全沒有尊嚴，兼且，她亦無能力購買醫療保險，一旦生病，情況就更難應付。

她感受到，很多老同工都要在這水深火熱的情況下終老，她覺得不能接受。於是她下定決心，要改變這個局面。

1947 年，Ethel 創立了 National Retired Teachers Association（全國退休教師協會）。初期的目的就是為會員改善醫療保障。她與 42 家保險公司達成協議，讓協會的會員退休後仍然能夠享受醫療保險服務。在此之前，所有退休人士達到 65 歲便不被接受保險。這個計劃最初僅在紐約試行，結果大受歡迎。保險業界亦覺得有利可圖，關鍵在於協會會員眾多，參與的保險公司市場推廣的費用大大降低。

全國退休教師協會是首個提供此項福利的組織。由於切中時弊，又營造出雙贏局面，其他行業亦躍躍欲試，紛紛向協會取經。Ethel 靈機一觸，覺得這種改善退休福利的方法可覆蓋所有行業，於是將全國退休教師協會轉化為 American Association of Retired Persons（全國退休人士協會），時為 1958 年，首年便有 130,000 名會員。之後逐步擴大，增加了很多會員福利，基本策略是運用龐大的集體購買力量，與商戶合作，讓會員得到折扣或優惠條件，創造三贏局面，即會員，商戶，及協會。後者每年獲得巨額盈餘，對發展業務，提供會員福利，以至游說政府改變退休政策，都有很大的幫助。

時至今天，AARP 已成為美國社會一個舉足輕重的組織。

但是，時異勢易，近年來 AARP 又面臨新的挑戰，這就是與普遍人的預期壽命愈來愈長有關。AARP 的領導層警覺到，會員的需要（包括潛在而未有表達出來的）亦出現顯著的變化。雖然過去幾十年 AARP 不斷與時並進，但在新的形勢下，新的挑戰層出不窮，已達一個臨界點。

Jo AnnJenkins 在 2014 年成為 AARP 的 CEO。在此之前她是美國國會圖書館的 COO（首席營運官）。在她的領導下，AARP 重新制定機構的使命與願景。過去十年，AARP 出現重大的蛻變，領導及推動長者重新檢視退休後的生活與意義，這本書就是 JoAnn 的改革宣言。

書中第一頁，介紹了一位女士，Jeanne Calment。你未必聽過這名字，但她是至今最長壽的人。生於 1875 年，1997 年離世，終年 122 歲。JoAnn 介紹她，不是想說我們也有機會活到 122 歲，而是想帶出「百歲人生」不是科幻，而是我們每一個人都要準備面對的事實。

Jeanne 出生的一年，當地社會（法國）的預期壽命只有四十歲，她的壽命比預期的超個三倍，是接近奇跡的極少數。但是在 21 世紀出生的人，超過 50% 會活到 100 歲，不需要任何奇跡的出現。即使在上一個世紀最後三十年出生（1970 至 2000）的人，也有 50% 會活到 90 歲或以上。

AARP 創立於 1958 年，當時與及之後的五十年，都未有人想像過普通人的壽命有這麼大的飛躍。

AARP 在 20 世紀時面對的挑戰，與 21 世紀的挑戰，簡直是天淵之別。

Jo Ann 上任後的第一個任務，便是帶領全體會員接受及擁抱這些變化。第一步，便是打破一般人對長者的陳舊及過時的觀念。

她記得，在她五十歲生日的一天，收到很多恭賀的信息，令她啼笑

第四章　世界潮流　十大思想領袖

皆非。雖然她很欣賞恭賀者的心意，但內容卻是反映著一般人對年長的人的觀念及成見。

她印象最深刻的是其中一句：

Happy 50th–You're now officially over the hill!!!

她心想，「我可能真的過了這個山峰，但已準備好向另一高峰進發」。

這是她要打破的**過時觀念 #1**：退休之後便一切走下坡。這是極度過時的。當你有機會活到 90、100 歲開外，為甚麼到了 50，60 來歲便一切向下。其實是一個新階段的開始。例如六十歲的人，往後還有至少三，四十年的光景，與工作階段的三，四十年相差無幾，可以說海闊天空。

與此有關的是另一**過時觀念 #2**：人生的最高峰不會在退休後出現。其實，人生的最高峰在下半場出現比在上半場機會更高。

Jo Ann 曾担任過美國國會圖書館 COO 的職位，是很高的成就。但她「退休」之後，成為全球最大志願組織 AARP 的行政總裁，是另一個高峰。JoAnn 現有的合約將在 2024 年尾結束，她已表示不會再續約，下一個角色會是甚麼？未有人知道。但難保又會是她另一個高峰。

Jo Ann 最初獲聘 AARPCEO 的師候，有朋友對她說：「你不是已退休嗎？」這帶出另一個**過時觀念 #3**：退休之後不再工作。Jo Ann 認為，在百歲人生中，每一個人都應該考慮退休之後繼續工作，不論是全職，半職，兼職，創業等皆可。必須摒棄過去的觀念，以為退休之後便不再工作。

這裡又帶出另一**過時觀念 #4**：退休金加儲蓄將足夠應付退休生活的需要。Jo Ann 告訴你，肯定不夠用，除非你很富有。在書中討論財務的一章，標題是：Finance Your Future（為將來理財）。她開頭便引了這句話：

I have enough money to last the rest of my life, unless I buy something.

—— Jackie Mason

真是可圈可點！你怎可能不買東西？也就是說，你是沒有足夠的錢去照顧自己的長壽的。世界各地現有的退休金制度，是針對上一個世紀的情況而設計的。但是，過去一個世紀以來，人均壽命延長了三十年，退休金制度那裡有相應的改革來應付新的需要？

所以即使在經濟發達國家，一般中等收入的人士，大多都沒有足夠的經濟能力去應付百歲人生的需要。正如日本這個最早出現老齡化的社會，便愆生出了所謂「下流老人」的問題，即長者不夠資源應付長壽的需要，生活條件日趨下滑的意思。這也是為何退休後仍然值得繼續工作的部份原因。

另一個過時觀念與健康有關，**過時觀念 #5：健康就是不生病**。書中的第四章，題為 Take Control of Your Health 管控你的健康。她用的一句引言，亦是十分傳神：

"If I'd known I was going to live this long, I would have taken better care of myself."

—— Eubie Blake

意思是說，大部份人其實不知道如何去照顧自己。當你的壽命大約只有六，七十歲，退休後的健康問題比較簡單，儘量不生病便足夠。但現在可能活到九十甚至一百歲，維持長期的健康便不是那麼簡單，一方面要減少生病，尤其是要避免染上慢性病，否則不但增添財務負擔，亦要面對長期的照顧需要，更不用說影響生活的質素。換言之，百歲人生

第四章　世界潮流　十大思想領袖

的健康要求，需要有很不同的思維及行為。

Jo Ann 有一句說話很貼切，她說美國現時的 Health Care System 其實是 Sick Care System。當你有病的時候，這個制度會提供治療，但卻不關心你的健康。

這裡亦值得提到一個新的觀念：HealthSpan，相對於 LifeSpan。後者指的是「生命的長短」，前者指的是「健康生命的長短」。明顯地，後者通常短過前者。現時普遍的差距大約是十年，即是說，就算有 100 歲的 LifeSpan，也只得 90 歲的 HealthSpan，餘下的十年需要接受照顧。

現代人的挑戰，是將 LifeSpan 與 HealthSpan 的差距儘量縮小，最理想是在一年之內。這樣一來，需要我們重新理解健康的要求，包括洞悉生理健康，心理健康，心靈健康，人際關係，社區環境之間的相互關係，才有望擴展我們的 HealthSpan。

在最後的一章，Jo Ann 勾劃了她希望出現的願景。她用「四個自由」（Four Freedoms）來描述這個新世界：

Freedom to Choose 選擇的自由

Freedom to Earn 創造收入的自由

Freedom to Learn 終生學習的自由

Freedom to Pursue Happiness 追求快樂的自由

但是，她知道這不是容易實現的。她引用民權領袖的名句：

Freedom is never given; it is won.

她的最後總結很有意思：

"Disrupt Aging is an rallying call to create a new way of living and aging in the twenty-first century.

Our new vision is a world in which aging is not about decline; it's about growth. It doesn't present only challenges; it creates new opportunities. And older people are not burdens; they are contributors."

（本書是一個行動宣言，讓我們一起創造 21 世紀嶄新的生活及年長化方式。

我們的願景：年長並不代表走下坡；而是成長。高齡並不只帶來挑戰，更創造出機會。長者不是負累，而是貢獻者。）

第八本

Life is in the Transitions – Mastering Change at Any Age

"One of those books that's so profoundly aligned with the zeitgeist（時代精神）that you end up underlining the whole book. . . . Bruce Feiler is the perfect person to lead us on this journey."

—— Arianna Huffington

第四章　世界潮流　十大思想領袖

"This is a remarkably poignant read about the pivotal moments in our lives. Bruce Feiler gets to the heart of how turning points shape us —— and how we can shape them. The wisdom and stories in this book will change the way you tell your own story."

—— Adam Grant

"Life Is in the Transitions provides a framework of striking originality that explodes with thought-provoking insights. It has profound implications for how we view and handle the transitions —— voluntary and involuntary —— that increasingly disrupt our lives. And it's one of the rare books that is a pleasure to read in the moment and impossible to forget once you've finished the last page."

—— Gretchen Rubin

目錄

Introduction The Life Story Project 生命故事計劃

Part I The Shape of Your Life 生命的形狀

1. Farewell to the Linear Life 告別直線人生

The end of predictability 可預期性的終結

2. Embracing the Nonlinear Life 擁抱非直線人生

What it means to live life out of order 失序的人生

3. Lifequakes 生命震蕩

What happens when the big one hits 大衝擊的威力

4. The ABC of Meaning 意義三重奏 :ABC

What shape is your life? 你生命的形狀？

5. Shape-Shifting 形狀變化

How we make meaning in times of change 如何在變化中理解意義

6. Learning to Dance in the Rain 學習在雨中跳舞

A new model for life transitions 人生過渡新模式

Part II Reshaping Your Life 重塑人生

7. Accept It 接受它

Identify your emotions 了解你的感情所在

8. Mark It 記下它

Ritualize the change 把轉變儀式化

9. Shed It 拋掉它

Give up old mind-sets 摒棄舊心態

10. Create It 創造它

Try new things 嘗試新東西

11. Share It 分享它

Seek wisdom from others 向別人取經

12. Launch It 公開它

Unveil your new self 將新的自我公佈天下

13. Tell It 說出它

Compose a fresh story 寫新的故事

Conclusion In Between Dreams -- The Secrets of Successful Transitions

第四章　世界潮流　十大思想領袖

夢寐之間 – 成功過渡的秘密

這本書未必會改變你的一生，但很可能改變你的餘生。

你的人生上半場可能已經歷了多個過渡，不論效果如何，已經是過眼雲煙，既不能改變，也不用追惜。

讀這本書，至少有兩個作用。

第一，是幫助你反省過去的過渡，重新體悟（re-interpret）這些經歷，從而總結一些經驗及教訓，加上本書提供的啟示，對未來面對新的過渡會有很大裨益。

第二，是幫助你計劃未來的過渡，讓你能更好地設計及駕馭這些轉變。這足以影響你餘生的所思，所做，所成就。

讓我們先弄清楚甚麼是過渡。簡單地說，**就是人生兩個階段的轉接過程。**

一個人的一生，有很多不同的階段，由一個階段走到另一個階段，不是彈指之事，往往需要一段時間，短則數日，長則數年，甚至十數年。

上一個世紀中，在所謂「三大階段」（教育 – 工作退休）的人生模式，主要有兩個過渡：由教育到工作，與及由工作到退休。但在 21 世紀愈來愈普遍的百歲人生中，不再是這麼簡單。

首先，因為壽命大大延長了，人生當然會有更多階段出現。

其次，人生再不是簡單地分成三大階段，而是有更多的新階段。在個別的階段中，又會有很多小階段。

再者，人生再不是「直線」進行，教育，工作，休息（不一定是退休）將會交替進行，錯縱複雜，有無限變化。總之，是多了很多大大小小

的過渡機會。

真的，大大小小不一而足。究竟每一個人一生有多少個過渡？

當然很難一概而論。每個人處境及際遇都不同，分別可以很大。本書作者訪問的數百人中，平均每人有 25 個過渡。這是多是少？很難說。

這個數目是否有代表性不打緊，重要的是反映出現在的人一生會有為數不小的過渡經歷，小則十數個，多則二，三十個也不足為奇。

這其中當然有些是大的，也有小的，亦有中的，但也有一些是特大的，作者稱之為 Lifequakes，意思是像地震一樣厲害。

一直以來，我們都是以逆來順受的態度來應付這些過渡。來一個便處理一個，既沒有受過訓練，亦不覺得需要去尋求協助，也不知道過渡有否成功與失敗的分別，反正渡過之後又沒有得到任何反饋，這種做法習以為常，大家都見怪不怪。

本書提出了一系列問題：

◆ 假若我們能夠更有效地處理過渡，是否可以改善人生？
◆ 我們能否有系統地研究及分析過渡的經驗，從而總結出一些規律或啟示供世人參考？
◆ 過渡有否成功與失敗之分？如何決定？如何可以增加成功的機會？

上面提到，過渡有特大、大、中、小之分別。**本書集中探討特大及大的過渡。**

作者認為，過渡的處理方式及成效，確是會影響人生。

這本書的書名是 Life is in the Transitions 不容易翻譯成中文。勉強去譯，有兩個可能性：**生命就是過渡或是過渡就是生命。**

第四章　世界潮流　十大思想領袖

也許兩個都是對的。

最重要的,是帶出了本書的核心信息。

現代人既然要面對這麼多過渡,處理得不好,就直接影响生命的質素。從另一個角度來看,人生大部份時間在過渡中度過,這期間的質素,就決定著人生的質素。

還有一點,就是一個過渡做得不好,極有可能便影响著之後的人生,因為每一個過渡都可能增加或減少了一些選擇。

表面上,這本書與進優無甚麼關係。但正好相反,進優就是一個過渡,而且是一個特大的。

首先,並不是每一個人都選擇進優。很多人從未有機會接觸這理念,無從做起。即使有意進優的人,也並不是每一個都成功過渡。

絕對不會出現今天退休,明天便進優的情況。即使有最大的決心及恆心,進優過程往往是漫長的。通常會經歷以下的步驟:

- ◆ 從書本,刊物,視頻,或社交媒體接觸到進優這概念 (Get exposed)
- ◆ 通過搜尋有關資料,加深認識 (Get deep)
- ◆ 參加一些有關進優的講座,工作坊或課程 (Get serious)
- ◆ 認識一些已經進優的典範性人物 (Get Inspired)
- ◆ 參加一些進優的線上或線下團體 (Get involved)
- ◆ 與配偶及至親的人溝通 (Get supported)
- ◆ 構思一些進優項目 (Get thoughtful)
- ◆ 找尋志同道合的進優人士組織團隊 (Get organized)
- ◆ 實踐一些進優計劃 (Get committed)

- 創造出一些有社會效應的收入（Get income with impact）
- 與其他人分享進優經驗（Get noticed）
- 自我反省進優歷程（Get fulfilled）

整個過程不是一、兩個月便完成，往往是經歷好幾年，由淺入深，漸入佳境。會否中途而廢？當然有此可能，在任何階段都可以節外生枝，前功盡廢。怎樣才算是成功的過渡？也很難說。大約是當進優踏上不歸路時，便可說是過渡完成。

在這個情況下，是否「生命就是過渡」與「過渡就是生命」都是殊途同歸？

一個長者，選擇傳統的退休方式，抑或嶄新的進優方式，是他們自己的決定。但很多人根本沒有機會接觸進優這意念，於是便少了一個選項。

試想想，用傳統的退休方式，固然也可以終老一生，但若選擇進優，即使要化上一至數年的過渡，但跟著的數十年卻可以脫胎換骨，有另一種的人生下半場。

Bruce Feiler 這本書是研究人生過渡的一本劃時代著作，在此以前從未有這麼全面及透徹的分析，難怪出版之後，好評如潮，很多知名人士也紛紛表示贊賞與受啟發。我亦在讀畢此書之後，去反省及 reinterpret 過去的過渡，包括問自己這樣的問題：

- 當時為甚麼會作此選擇？
- 究竟有否全面評估所有的選項？
- 那些價值觀念驅使我作決定？
- 不同選項會有甚麼結果？

第四章　世界潮流　十大思想領袖

- 會怎樣影响下一人生階段？
- 有那些過渡做得最好？甚麼是好的標準？
- 現在回首看來，那些過渡對我人生有最正面的或負面的影响？
- 我應該如何面對未來的過渡？
- 我如何可以協助別人（包括親人，不認識的人）認真處理過渡問題？

這些都是有趣及值得思考的問題，在這裡，我只是希望能夠令你拿起這本書，自己去咀嚼，自己去思考。其中最重要的，**是否向進優過渡？**

第九本

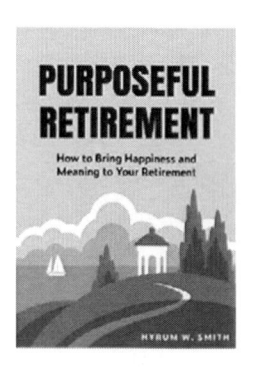

Purposeful Retirement: How to Bring Happiness and Meaning to Your Retirement

"Retirement can easily be an unbelievable bright future for you and your loved ones. You are not a 'has been', you are a 'will be'. Above all, be purposeful. Enjoy all that lies before you."

—— Ken Blanchard

第九本

"This book is packed with wise advice for anyone staring down the barrel of retirement. I agree wholeheartedly with Hyrum Smith: you may be retired, but you can still live with meaning, purpose and energy."

—— Marshall Goldsmith

"Hyrum Smith has contributed another wonderful piece of thought leadership! If you are embarking on the retirement journey, this is a must read! Prepare to be challenged to make the most out of these important and meaningful years so that they become the capstone of your life!"

—— Sandra Yancey

目錄

1. Two Camps 兩個陣營

2. Turning in the Title 失去銜頭

3. Discovered Values, Directed Time 發現價值，管控時間

4. Purposeful Planning 有目的計劃

5. Mentoring and Being Mentored 導人與被導

6. Make A Difference 令世界更美好

7. Retiring Together 一起退休（進優）

8. Reaching Out 向外探索

9. Take Care of Yourself 照顧自己

10. Make Decisions 作出抉擇

11. Purposeful Happiness 有意義的快樂

這本書的主旨很清晰：退休一定要有意義，否則就等於行屍走肉。

第四章　世界潮流　十大思想領袖

我這樣解讀，已經算是溫和，如果直接翻譯他的講法，就是：如果退休而無意義，就像死去一樣。

要了解他的思維，不如從 Hyrum W Smith 的背景說起。

大家可能聽過（甚至讀過）這本書：The 7 Habits of Highly Effective People by Steven Covey。中文譯作「與成功有約：高效人士的七個習慣」。（30 週年全新版 https://www.eslite.com/product/1001122732681932628005）

這本書在我剛出道時，是企業界的暢銷書，差不多人手一本，不少大企業安排所有員工不論職位高低都參加以這本書為題材的兩天培訓。香港也有多家本地上市公司這樣做。

這本書的作者（Covey）所創辦的培訓公司 Covey Leadership Centre，是當時全球規模最大的企管培訓公司。後來這間公司與另一家同樣知名的培訓公司，FranklinQuest，合併成為 Franklin Covey Company。

Hyrum 就是這間公司的 Co-founder, Chairman and CEO。

他寫這本書的時候，已七十多歲，但自覺並未有退休，他用自己數十年來接觸數以萬計不同行業，教育程度，經濟條件的學員之觀察及體會，寫成這本書，你可以說他是用心良苦，也可以說是不吐不快。像本章介紹的其他書一樣，這本書並不是一本學術著作，沒有統計圖表，沒有資料出處，沒有注釋，更像一個朋友與你談心，很親切，很有耐性。他很想說服你，但沒有逼迫你。

這令我想起中國人一個講法，他像是你的「畏友」。所謂畏友，是指一個極好的朋友，你對他既敬且畏，因為他會很坦率地指出你應該注意

或改善的地方。很多時聽起來有點刺耳，但你不會介意，反而很感激。我相信你讀這本書的時候也會有這感覺。

但我再提醒你，他的結論很簡單，假若你不能有意義地去退休，就不如早些離開這個世界。

除了內容之外，有幾點是我想學習的，例如：

- 多講故事，少講道理，而且儘量用真人真事，感染力更大。
- 保持幽默，談笑用兵。讓人發笑，對象可能是自己。
- 不怕重覆，真理就是這樣。隨處可見，似曾相識，入心入肺。
- 善用引言，發人深省。而且可以方便讀者推廣。

多講故事

我特別喜歡這故事（純用記憶來覆述）：

Ted 是愛爾蘭人，每個週末都去他心儀的酒吧與朋友暢飲及吹水。本週也不例外。他駕車駛到目的地，卻找不到車位。他繞著酒吧駛了兩個圈，仍然找不到。他有點心急了，但無法可施。

他自言自語地說，「上帝，我求求你，假若你給我一個車位，我答應你今後每個週日都去教堂。」

突然間，一個車位真的出現，他馬上把車駛進去。

故事說完。

這個故事想帶出甚麼？這個車位代表著上帝的恩賜，既然得到，就要好好地用它。

其實，退休後的幾十年光景，何嘗不是上帝的恩賜？

本書沒有甚麼理論，大道理，卻有很多活生生的故事，發人深省。

第四章　世界潮流　十大思想領袖

保持幽默

我特別留意作者的幽默感，因為這正是我缺少的。他不只自己幽默，而且還善用人家的幽默，例如幽默大師馬克吐溫。

他引用後者的一句名言，可圈可點：

"Age is an issue of mind over matter. If you don't mind, it doesn't matter."

—— Mark Twain

這是難以翻譯的。勉強地，可以這樣解讀：

「年紀這話題是精神重於物質。如果不重視精神，多少物質也是徒然。」

不怕重覆

本書主題是有意義的退休。多次反覆強調意義來自跳出自我，服務他人，造福人群。他講述自己有難得的機會，親身出席英國前首相邱吉爾的演講會。其中一句說話令他印象異常深刻，畢生難忘，並矢志身體力行。這句話就是：

"We make a living by what we get, but we make a life by what we give."

—— Winston Churchill

意思是：為了生活，我們需取之社會，但是，創造人生就需要貢獻社會。

"Unless life is lived for others, it is not worthwhile."

—— Mother Teresa

「生命若不是為他人而活，是不值得的」

他還引用了一段他認為是來自中國的諺語（我不大相信出處）：

「假若你想快樂一個小時，最好就是小睡。

假若你想快樂一天，不妨去釣魚。

（假若你想快樂一個月，可以考慮結婚。）

假若你想快樂一年，則要繼承一份遺產。

假若你想終身快樂，幫助別人。」

（括號內的一句是在另一地方見過的）

作者反覆引証，有意義的退休，不應只著眼自己，而是要跳出自我，為其他人，特別是不像自己那麼幸運的人，作出貢獻。

善用引言

大家看過上面所述，我不必再花唇舌。只是想分享兩個令我印象特別深刻的引言。

"A man is not old until regrets take place of dreams."

—— John Barrymore

（一個人除非遺憾取代了夢想，否則就不算老。）

但整本書最發人深省的引言，可能是這個：

"Preparation for old life should begin not later than one's teens. A life which is empty of purpose until 65 will not suddenly become full on retirement."

—— Arthur E Morgan

第四章　世界潮流　十大思想領袖

（為老年作準備要在年青的時候便開始。假若到了 65 歲生命仍是沒有意義，不會在退休時突然間充實起來。）

我建議大家慢慢咀嚼這本書。

第十本

Don't Retire, REWIRE! 5 Steps to Fulfilling Work that Fuels Your Passion, Suits Your Personality, and Fills Your Pocket

進優，不要退休五大步驟令你所做的事可以激發你的熱枕，切合你的性格，與及為你創造收入

"Don't Retire, REWIRE! is a must-read manual for anyone navigating the 'encore' stage of life. And it has become a mantra for the millions of people hitting milestone birthdays with a desire to live life's second half with purpose, passion, creativity, and continued engagement."

—— Marc Freedman

"It seems obvious and easy to master retirement, doesn't it? Well, it turns out, it is not for most. Embracing retirement as a phase in life in its own right is the first step. Reading Don't Reire, REWIRE! Is the second. The book offers many ideas and inspiration that will help you make the most of this phase in your life."

—— Ursula M Staudinger

"Don't Retire, REWIRE! Is a must read even if you are many years away from retirement. I found it a thought-provoking approach to uncover what motivates you, what you find meaningful, and what activities are personally rewarding for you at any stage in your life. I've given this book to friends contemplating a mid-career move, as well as young people starting out, and have learned a great deal from it myself."

—— Ellen Gallagher

目錄

Step 1 Seeing the Opportunity: Retiring Is a Going From, and Rewiring Is a Going To 看準機會：退休是退卻，進優是前進

1. Flunking Retirement 放棄退休

2. REWIRING Your Energy 扭轉你的精力

Step 2 Identifying Your Drivers 確定你的驅動力

3. Your Drivers: Why You Really Work 驅動力：甚麼令你真的活起來

4. Discovering Your Hidden Drivers 找尋你的潛在推動力

Sept 3 Linking the Drivers to Your Activities 將驅動力與活動連結起來

5. What's Going to Go Away? 退休要令你放棄些甚麼？

6. What Are You Doing with Your Free time? 空閒時間做甚麼？

Step 4 Creating Your Rewired Vision 創造你的進優願景

7. Dreams, Interests, and Discoveries 夢想，興趣，新發現

8. Own Your Accomplishments 對自己的成就感到自豪

9. Rethinking the World of Work 重新想像工作世界

第四章　世界潮流　十大思想領袖

10. Imagine the Possibilities 幻想所有可能性

Step 5 Putting Your Action in Motion 付諸行動

11. Possibilities in Action 化可能性為行動

12. Perspectives and Realities 觀點與現實

13. Making It Happen 創造成果

上面介紹的九本書及作者，反映的是進優的世界。但他們的書都沒有特別提到進優，至少書名上沒有這兩個字。

前面九本書焦點主要在於 WHAT and WHY（甚麼及為甚麼），最後一本焦點則在 How（如何做）。

本書的兩位作者，原本是從事獵頭工作（Executive Search）及行政人員教練（Exectuive Coach），服務的都是大型企業，並與很多客戶維持長期的關係。

有一次，一個已成為老朋友的客戶，Bill，約他們見面。坐下來便開門見山地說，我需要你們協助，但不是為我選聘人才，而是協助我計劃退休。Bill 說即將會退休，但不知道以後的時間如何打發。他表示不想步父親的後塵，退休後主要把時間消磨在高爾夫球場與及球會的事務上。他也喜歡打高爾夫球，但不能想像除了打球之外便甚麼也不做。

這是一個新的挑戰。在此之前 25 年，兩位作者縱橫企業界，如魚得水，但計劃退休不是他們的專長。他們考慮過推薦其他專業人士去提供協助，但回心一想，根本就沒有人做這方面的工作。於是他們運用過去的經驗，把問題當作是一家企業的挑戰，與 Bill 一起去找尋答案。

經過幾次的會面，終於找出 Bill 的痛點。他想繼續工作，但不是朝九晚五的那種，而是可以有高度的彈性，讓他有時間做其他的事。至於

工作內容，他沒有特殊偏好，但表明不想再做過去數十年的行業（高科技創新）。他又表明收入多少不是問題，反正已有經濟自由。

經過一番討論，Bill 終於找到能夠結合他的經驗及抱負的項目，要一些部署才能進行，但他有耐性等待，並覺得退休得合時，可以全情投入他一直想探索的工作。

對於 Seri 及 Rick 來說，也是一個難得的經驗。他們也覺得，社會上愈來愈多像 Bill 這樣的退休人士，渴望可以享受與上一代不一樣的退休生活。是否是一個商機？他們未感肯定。

跟著他們進行了大規模的調查，訪問，及焦點小組討論，嘗試更深入了解即將退休人士及已退休人士的需要。結果十分明顯，這些人士愈來愈多，而且對退休感到焦慮，謎茫，無助，而社會上上並無機構或組織協助他們。

不過，最令他們驚奇的，是大部份人士討厭「retirement」這個字，因為它代表的是「離開，放棄，後退」，而全無正面的含意。Seri 及 Rick 覺得，在未進行任何新服務提供之前，必須另找一個名詞來形容一種新的退休狀態，他們認為 Rewirement 更為貼切。他們的提法是：

"To rewire is to reroute the personal energy you spent on full-time work into deeply satisfying, personally customerized work activities that can transform your next act into the most fulfilling time of your life."

（進優就是將你的個人精力作一徹底的轉化。由全職工作轉變為有高度滿足感及度身設計的工作，令你人生下一階段成為最豐盛的時光。）

Rewirement 一詞，僅是 Retirement 改了一個字母，從 t 變了 w，

175

第四章　世界潮流　十大思想領袖

但意義便大相徑庭。

作為動詞，retire 與 rewire 亦成天淵之別。「Retire from」與「rewire to」形成強烈對比，一個是被動的退下來，另一個是主動地前進。

他們覺得 Rewirement 這個新詞有需要註冊下來，成為了 Rewirement®，雖然我不知道這個註冊有甚麼作用，但肯定不能禁止其他人用這詞。

在香港，自從五年前（大約 2020 年左右），我提出了用「進優」來翻譯 Rewirement，現在已有很多人用這詞，雖然意義未必完全一樣，最接近的是一家電視台拍了一個多集的專題節目，名為「進優 120」，里面介紹的都是不一樣的退休生活，可說是進優的寫照。

Seri 及 Rick 可說是進優運動的第一代顧問。他們根據服務眾多客戶的正反經驗，整理出一套方法，方便打算進優的人士，即使在沒有人協助下，也可以一步一步走向進優。值得強調的，是進優確實是一個頗為漫長的過程，不可能一蹴即至。

以下是五個關鍵步驟：

第一步看準機會：退休是退卻，進優是前進

對象是即將退休或剛退休之人士（雖然我覺得即使已退休多年一樣可適用）。

看準機會是提醒這些人士要注要的。甚麼機會？

這就是 Seri 及 Rick 的一個創見。

他們認為 Rewirement 最根本的是處理 Personal Energy Flow（個人精力流）。

每一個人都有 personal energy。在全職工作的情況下，這種精力集中在工作上。假若用傳統的方法去退休，把工作全部停了下來，這精力便無從發揮，對個人的身心健康都有很大的衝擊。

Rewirement 就是把這精力重新 reroute 到新的活動上，包括能令你感到滿足，充實及有意義的工作上。工作量可以適量減少，工作形式及條件可以有很大的改變。因為今日的退休人士與上一代已完全兩樣，這種個人精力至少可維持二，三十年，甚至三，四十年。

Rewirement 的關鍵就是找尋 - 更準確是創造 - 機會，讓個人精力繼續得以發揮。

第二步確定你的驅動力

所謂「驅動力」（Drivers），是一種發自內心的抉擇工具（selection tool）。每一個人選擇一項工作，一種事業，或者加入一間公司，一個組織等，你的驅動力是你作決定的關鍵因素。

Seri 及 Rick 長期從事人才招聘工作，令他們對這個問題更有發言權。事實上，我從他們的分析中得到很大的啟發。

他們有機會與很多求職，轉職，或被獵頭的人作深入交談，發覺當事人的驅動力是他們決定接受或拒絕一個職位的最重要因素。誠言，待遇的高低是一個必須考慮的因素，但他們發覺絕少會有人單是看待遇的吸引力便接受聘書，他們必定會去了解新的工作及公司能否滿足他們的驅動力。

這些驅動力當然是因人而異，但亦有很多是普遍受重視的。在本章中，作者列舉了 30 個常見的驅動力，例如：

Accomplishment – to have accomplishments 成就感

第四章　世界潮流　十大思想領袖

Authority – to be an authority figure 權威慾

Belonging – to have a sense of belonging 歸屬感

Competition – to be competitive 競爭慾

Creativity – to be creative 創作力

Experiences – to have new experiences 嚮往新體驗

Friendship – to develop friendships 友情

Fulfilment – to be fulfilled 滿足感

Global – to have global opportunities 嚮往國際機會

Goals – to have and to share goals 目標分享

Identity – to have an identity 身份慾

Intellectual Stimulations – to be with intellectually stimulating people 智力刺激

Leadership – to be a leader 領導慾

Making a difference – to help make the world bet ter 改變世界

作者提醒我們，在工作及事業上的驅動力，可能與退休之後的有所不同。我們是有選擇的自由。事實上，對很多人來說，驅動力是不自覺的。

我反省自己過去選擇工作及僱主的經歷，現在事後看來，是有一驅動力支配了我的選擇，但當時並不是那麼清楚。例如我所有的僱主都是本地華資公司，而非選擇外資公司，或加入政府部門，都是因為我有一股驅動力想提升華資企業的管理質素。後來我自己創辦管理顧問公司，都是這驅動力的功勞。

我過去廿多年的進優日子，做了很多事情，但歸根到低，亦是由幾個驅動力所支配。包括：

改變世界 – 太多不平等，不公義，不愛護大自然的事，非要盡一己之力去作些貢獻不可

發揮創業精神 – 以身作則，創辦社會企業去舒緩社會問題

生命影響生命 – 感染更多人加入我的行列

以社會運動推動社會創新 – 個別的創新效果是有限的，唯有形成運動才可有更深更遠的效果

Seri 及 Rick 在這裡的貢獻，是提醒了進優人士首先要理清自己的驅動力，然後再思考做甚麼事才能讓自己的個人精力可發揮最大的用場。

第三步將驅動力與活動連結起來

第一步是知道 Personal Energy Flow（個人精力流）的重要性。不論退休與否，它都存在。未退休之前，它是通過你的工作發揮出來。它不會因為你不再工作而消失，你要掌握機會把它 Reroute（轉向）到新的活動上。

第二步的作用是找出你的 Drivers（驅動力），讓個人精力流可以尋找出路。

現在第三步便是以驅動力為基礎，去設計新的工作及活動。

這裡要介紹一個新的意念 –Drivers Payoffs（驅動力果效），意思是驅動力發揮之後可見的效果。它包含著三個 A：Activity, Audience, Applause。

Activity 是指你的具體活動，可能是一份新的兼職，或是一個項目，或是一門新的生意等等。你選擇這些活動，是因為能夠讓你的驅動

第四章　世界潮流　十大思想領袖

力有所發揮。

Audience 是牽涉到有關的人群。有兩大部份。一是服務對象，即是說，你的活動會帶給甚麼人有正面的效應。二是你將會和甚麼人一起工作，這包括你的團隊，合作夥伴等。

Applause 是指活動過程中或完成後，會有甚麼反饋，贊賞，肯定等。

這些都是驅動力果效的構成部份。當你構思進行何種活動的時候，值得作整體考慮。例如無論一些活動如何有價值，但若要經常與你不喜歡的人一起工作，或是永遠得不到人家欣賞你的勞力，極可能不是你應該做的事。

現在要問你一個問題：What do you do in your freetime? 很有趣，中文是沒有 freetime 這概念的。你不會問人家：「自由時間」做些甚麼？最貼切的是問：**你工餘做甚麼?** Freetime 所指的是工作以外的時間。

這是假設你有工作在身。但若果你已退下工作崗位，你的 freetime 便變成你所有的時間。

一個退了休的人，就要選擇所有 freetime 的運用。

本書作者認為，freetime 的使用，其實也是受驅動力所支配的。退休之後，過往與工作息息相關的的驅動力突然失去了活力。假若未有新的驅動力，便會出現一些「被動式」的驅動力取代，例如：盡情享受閒暇，發展新嗜好，改善健康等。這些驅動力便會支配著自由時間的運用。

所謂「被動式」，是相對於主動式驅動力而言。後者是需要時間及有意識地去培養，例如：

◆ Making a difference 令世界更美好

- Mentoring the young 做年輕人的導師
- Serving local community 服務當地社群
- Joining a movement 參與一個運動
- Pursuing a passion 追尋一個熱枕
- Empowering disadvantaged groups 賦權弱勢群組
- Launching a impact-focused organization 創辦一個有社會效應的組織
- Creating income with impact 創造有社會效應的收入
- Contributing to a global cause 為一個全球議題作貢獻

可以見得，主動式的驅動力並不是從天上掉下來的。一個人退休之後，被動式的驅動力馬上填滿真空。

要開發新的驅動力需要主動出擊，包括進行思考，反省，探索，向友人或專家請教，再考慮自己的專長，經驗，閱歷，資源，網絡等，再加上自己的意願，抱負，理想，決心等，才可以一步一步作出抉擇。

亦可以見得，有否新的驅動力對活動的性質及內容，有關鍵性的決定作用。

這就是第三步的精要所在。

第四步創造你的進優願景

這一步是書中最長的部份，一共用了四章來討論（其他只有二至三章），可見其何等重要及豐富。

這四章的題目很有意義：

- Dreams, Interests, and Discoveries 夢想，興趣，與發現
- Own Your Accomplishments 擁抱你的成就

第四章　世界潮流　十大思想領袖

- Rethinking the World of Work 重新思考工作的天地
- Imagine the Possibilities 想像所有可能性

　　本來，我看見大小標題中有願景，夢想這些字眼，立即湧現出戒心，因為香港人大多不理解這些概念，甚至表示抗拒。因為從小便鮮有被鼓勵有這些東西，自己即使有，也不願意說出來，害怕他人取笑。

　　但讀罷這幾章，我放下了心頭大石，因為作者用很落地，具體，生動的方式去介紹，令我大開眼界。最大的得益，是讓我掌握到一些方法，去鼓勵他人去思考這些問題。

　　例如關於夢想，作者不是簡單地說，你一定要有夢想。我以前也只是懂這樣說。但作者通過一個名人的說話，為讀者提供了這個習作。他要求讀者回答下列問題：

　　假如你只有五年壽命，有甚麼事你一定會做？（不用想得太多，只是列出你渴望做的事）

　　假如你只有一年壽命，有甚麼事你一定會做？

　　假如你只有三個月壽命，有甚麼事你一定會做？

　　比較一下你寫下的東西，假若有些在三張名單都出現的，那很可能就是你的夢想。

　　另一個例子是擁抱你的成就，英文原文用的是 Own，本來應譯作「擁有」，但我覺得「擁抱」來得更貼切。

　　作者要求讀者寫下一生中最大的十個成就。

　　從小到退休年齡數十年，一定有不只十個成就。但不要貪心，只要選出自己認為是最引以為榮的十大成就。相信每個人都做得到。

　　寫下之後，讀者可以反省一下，能夠創造這些成就最關鍵的因素是

甚麼？嘗試儘量客觀地寫出來，然後問自己，現在是否仍然有這些質素？很大機會大部份仍有的。

作者於是問，你可否想像自己發揮這些優點，在未來創造一些更大的成就？答案應該是肯定的。這樣就可以告訴自己：即使在退休之後，我仍然可以有新的，更有意義的成就。

本書作者就是用這些富啟發性的方法，來幫助讀者去思考看似抽象的問題。願景，夢想等再不是遙不可及的東西。

第五步付諸行動

簡單地說，就是要坐言起行。首四步是反思，探索，部署，鎖定領域，制定目標等準備功夫。第五步是制定行動計劃，付諸實行。

大家看過以上的五步曲，應該更明白何以我在上面說，進優不是可以一蹴即至，亦呼應了 Halftime（人生下半場）一書所強調，Halftime 彷似中場休息，是一個過渡階段，短則數月，長則可以數年。用 Life is in the Transitions 一書的說法，進優是一個 Lifequake，動盪程度有如地震。Rewire 的過程一點也不輕鬆，本書的五步曲，充份說明了這事實。

第四章　世界潮流　十大思想領袖

第五章
未來葬禮　死都要創新

第五章　未來葬禮　死都要創新

這一章談未來喪禮。

我真的舉行過未來喪禮,是五年前的事,下面會介紹詳情。現在首先交代我何以想到要做這件事。

為甚麼要搞「未來喪禮」?

簡短的答案,就是時至今日,死都要創新。

死本來是很簡單,用不著要創新。死的一刻(指斷氣)人人都是一樣,不用多費心思。但死前死後很多事情,卻因應社會,文化,宗教及時代背景的不斷改變,可以有很多的差異,不可能也不應該一成不變,而是有很多進化甚至創新的空間。

喪禮就是其中一個極需創新的環節。至於怎麼樣才算得是創新,卻不容易得到共識,也不需要斤斤計較。反正創新都是先行者,有膽色去做便行。

我在網上搜尋喪禮的定義,第一篇文字的標題就是:**喪禮的由來與意義 – 人生的最後一堂課**。裡面作如此介紹:

「養生送死是為人子女應盡的孝道,所以喪禮是報答父母養育恩情的具體表現,其目的在盡哀與報恩,讓孝子賢孫能在各種儀式中抒發心中的哀痛,並藉以安頓死者的身心與魂魄,也是教化世人盡孝表現在外的一種禮儀。

在生命結束時進行的喪葬祭儀,都是生者對死者表示最後的禮敬與追思。值得深思的是,生命的死亡是無法阻擋的,如何讓精彩的生命,留下更多的貢獻給後世子孫,應該才是人生中最重要的目標所在。」

這個說法有兩個重點，一是喪禮對考子賢孫的作用，二是喪禮對「生者」（不一定是家屬）的意義。

我由於沒有子女，不用照顧考子賢孫的需要。至於其他我認識的「生者」，可能就是我的喪禮的主要對象。

我不禁要問，我的喪禮對他們有何重要性？

反轉思維設計喪禮

我去過的最難忘喪禮，令我獲得去者的感染。特別是介紹生平時，給我帶來很多啟迪及鼓舞。一些親友的分享，亦有很多足以發人深省的地方。

但也不禁會問，這是否最佳的形式？答案是否定的。

第一，是時間問題。喪禮應該是在**生前**抑或**死後**做會更好？答案是人在生的時候做更好。但由於死後還是要做，所以應該生前死後各做一次最好。

第二，是由**誰來設計**喪禮。假若是死後才做，當事人就無法參與。但在生前做的話，當事人就可以直接參與，甚至是主要設計者。

第三，是**內容問題**。既是喪禮，當然少不免介紹當事人的生平。假若是死後舉行，會由指定親友作介紹。這本無不可，但始終總不及由當事人現身說法，親自介紹。大可以盡情發揮，用自己的角度，自己的語言，演繹自己的故事，包括成就與失意，願望與挫敗，歡樂與哀痛，感激與悔恨。有很多其他人不願提的，自己也可以坦然分享。

第五章　未來葬禮　死都要創新

　　第四，是關乎親友分享。這可能是生前與死後的喪禮最大的分野。假設這些分享都是出自內心的，當事人會否也希望聽到？假若是死後的喪禮，當事人就沒法聽到。不要以為這只是當事人的損失，其實最大的損失者是這些親友。假若他們的分享是在當事人面前說的，內容可能會不一樣。而且，當事人聽過之後並非馬上便離去，親友們說過的東西會否兌現，當事人還有機會看得到。更進一步來說，當事人聽過親友的分享後，可能有助自己反思自己的一生，甚至影響日後的一些想法或做法，對雙方都可能有重大意義。

　　所以，我構思中的未來喪禮，正是扭轉傳統思維來重新設計，有下列特徵：

- 生前及死後都搞喪禮
- 自我主導
- 自述生平
- 親自聽親友的分享

未來喪禮的深層意義

　　事實上，我舉行未來喪禮是與推廣進優息息相關的。一直以來，我發覺不容易說服或影響週邊的朋友考慮進優。我嘗試過用很多不同形式，不同媒體來傳播信息，甚至舉行講座，工作坊（線下及線下），創作視頻等，但是效果始終有限。

設計及舉行未來喪禮是另一種嘗試。我的預期效果是這樣的：

- 讓大家想像一下，我們終有一天會離開這個世界。
- 不妨先舉行一個未來喪禮，在你還有幾十年生命的情況下，幻想一下離開這世界的情景。
- 為你自己準備一篇演詞，在喪禮上與大家分享。。
- 這篇演詞可以參考我建議的格式，包含三大部份：1. 你的生命故事，2. 影响你人生重大抉擇的價值及信念，3. 餘生打算做些甚麼。
- 在喪禮上發表這演詞，及聆聽親友們的分享。
- 事後自己總結所得，並決定下次何時再舉行這喪禮（基本上可以無限次數的）

我心想，任何人假若為自己進行了未來喪禮，便會有更大的機會考慮進優。即使沒有自己舉行，但見過別人做後，也會激發他們反思自己的一生，這會是進優的最佳準備。

於是決意把自己的未來喪禮做好，特別花上很多心思去準備我的演詞。我租了一個真正供人做喪禮的禮堂，場地做了簡單而莊嚴的佈置，事先廣發通知讓親友知道。

第五章　未來葬禮　死都要創新

　　事實上，我是有兩個不同的日期，一個是線上的，第二個才是現場的。參加者可以出席其中一個，或兩者皆出席。結果，線上線下都有數十人出席。

　　最重要的還是演詞。寫好後，我準備了中英文版的 ppt，亦做了視頻（中文），全部都在喪禮舉行前廣泛流通，包括身在外地的中外友人，希望即使沒有出席的人都可以讀到。**最後整篇演詞亦在「灼見名家」上發表。**

喪禮上的演詞

喪禮上通常只會聽到悼詞。由當事人自己發表的演詞，是未有任何名詞來描述的，因為一般的喪禮中，當事人是不會說話的。

這個演詞應該如何寫，絕對沒有參考資料。我於是設計了一個格式，並建議其他人也採用。

這格式將整個演詞分成三部份：

1. 生命故事
2. 影响你人生重大抉擇的價值及信念
3. 餘生打算做些甚麼

生命故事的重要性

這是一個難得的機會，有系統地回顧及反省自己的一生。為了方便整理自己的生命故事，我提議採用一個簡易的方法。將出生到現在，大約每十年左右當作一個階段，然後嘗試用十個字之內概括這階段最精要的地方。

是的，先用十個字來總括，然後再加一些文字去補充。例如我便用了下述的說話，講出我的人生故事：

第一階段（1948-1960）：九間小學基礎雄厚

由於父母離異，童年時經常轉換居址，也因此不斷轉校，讀了9間小學，包括五兄弟姊妹同時在澳門寄宿兩年。但因此卻打下良好基礎，有利日後學習。

第五章　未來葬禮　死都要創新

第二階段（1960-1970）：學生領袖文采飛揚

由於小學打好基礎，中學階段變得很輕鬆。基本上不用花多少時間，便能應付有餘。多餘的時間，用來做一些對日後人生有重大作用的事。

一是主動讀書，包括《史記》、《戰國策》、《唐詩三百首》、現代小說（《家》、《春》、《秋》等），當然還有武俠小說等。結果在中學階段，便能在《華僑日報》上發表文章，並獲不錯好評。

二是參與課外活動，中學期間從無到有創辦了十多個學生組織，令校長及老師都大為驚訝。回想起來，這是難得的領導訓練。

第三階段（1970-1982）：學不停蹄四個學位

1970年進入中文大學，頭兩年，基本上是沒有讀書的，全力投身當時澎湃的學生運動。一年班下學期，已當選為崇基學生會外務副會長。亦經常代表專上學生聯會出席國際學生會議，就在其中一個在曼谷召開的亞洲學生會議上，一位印尼學生領袖問了我一個關於中東局勢的問題，我不但不懂得回答，連問題也聽不明。

這一問竟成為了我大學生涯的轉捩點。回港後我作了很深刻的反思，最後決定停止一切學生運動，專心讀書，結果畢業試獲得「甲級榮譽」的成績。這是1974年的事。

這個成績打開了出國留學的可能性。關鍵是能否獲得獎學金，當時我唯一可申請的是英聯邦獎學金，但這個獎學金規定需要畢業一年後才可申請。我不想白白等一年。

我記得在大二的時候，曾經獲得一個名為「論文創作獎」的獎項，捐出獎項的是一位年長的商人，曾約見得獎者，我有機會與他詳談過一次，頗為投契。於是我寫了一封信給他，把我的處境及需要跟他分享。

他收信後約我見面，席上便承諾給我獎學金，讓我到英國留學。

我在曼徹斯特大學念社會學，1975 年獲得碩士學位，1978 年獲得博士學位。回港後還在香港大學工程學院修畢了一個一年兼讀制的工業工程學課程。

跟着便在香港南順集團任職，最初的職位是人事部經理，一年後兼為工業工程部主管，並在生產部推行當時在日本風靡全球的品質圈制度，開香港之先河。

工作一段時間後，決定留在商界發展，但察覺另一問題。在公司的經理會議上，經常聽不明其他經理所用的概念及術語，原因很簡單，我雖然有三個學位，但沒有一個是跟管理有關的。結論也明顯，假若想繼續在商界打滾，便非要有個 MBA 學位不可。

於是，我決定辭職，再到英國進修，並於 1982 年在 Cranfield School of Management 獲頒 MBA 銜。這是一個 12 個月無假期的密集課程。我一邊上課，同時還抽時間去寫書，最後寫成一本專書，在英國出版，書名是 Marks & Spencer: Anatomy of Britain's Most Efficiently Managed Company (Oxford: Pergamon Press, 1985)。後來翻譯成中文及俄文，分別在北京及莫斯科出版。

第四階段 (1982-1992)：商界打滾追求卓越

這段時間在瑞安集團工作，一做就是 10 年。為什麼會加入瑞安？

還在南順的時候，由於推廣品質圈制度有聲有色，瑞安集團的創辦人兼主席羅康瑞先生，邀請我到他的公司做介紹，一共兩次。第一次是向董事會介紹；第二次是向全體職員，反應算是不錯，也因此與羅先生有一面之緣。

後來他知道我在英國讀 MBA，便託人安排和我通電話。我們談了半

第五章　未來葬禮　死都要創新

小時，他說希望我回港後加入瑞安，我馬上應允了他，連職位及待遇也未有討論。

瑞安集團
SHUI ON GROUP

10年間，集團急速發展，挑戰接踵以來，學習機會新鮮而刺激，期間集團的第二把手也轉了4個人，我亦做過7個不同職位，全部是難能可貴的鍛鍊機會，我亦對集團有不少貢獻，協助集團成為香港以管理質素見稱的公司，獲得獎項無數。

本來，我也以為會在此一直做到退休。但終於選擇離去，主要有兩個原因。

第一，與集團羅主席有關。1997年前後，他已經是非常成功的企業家，集團員工超個4000人，又以管理卓越見稱，年紀又輕，加上他積極參與《基本法》諮詢工作，領導其中一個小組，有聲有色，成為了問鼎第一屆行政長官的黑馬。這對集團業務發展多少有些影響，因為他放在集團業務發展的時間變得相對較少。

第二，是與管理顧問服務的經驗有關。瑞安集團異常成功，但還不斷找尋方法尋求突破，曾經聘請多位國際知名的管理顧問提供協助。這些顧問聲名顯赫，收費也異常高昂，但不幸地，全部（共四個不同公司）未能發揮效果。我一直有參與其事，亦感到異常驚訝。最後總結到一個結論，便是這些外國顧問缺乏本地管理文化的知識，所以難以產生作用。

於是我在想，是否我可以當管理顧問？

就是這兩個原因，我在 44 歲那一年，決定創辦「**謝家駒管理顧問公司**」，專門為本地企業提供服務。

第五階段（1992 — 2000）：顧問出色提早退休

我在 1992 年創業，是一個膽粗粗的嘗試。

我創辦管理顧問公司，首先就要培育人才，因為當時基本上沒有本地土生土長的管理顧問。我算是第一代，因此要招聘顧問，便只能請一些全無經驗的，再在崗位上培育他們成才。所以，我能夠催生了新一代的管理顧問，感到十分自豪。不到兩年，公司便有 10 位同事，業務蒸蒸日上。

有時別人聽我介紹自己是管理顧問時，會問我是否「公司醫生」？這其實是很大的誤解。我會告訴他們，我不是公司醫生。香港的公司假若病入膏肓，只會考慮結束營業或出售，而不會聘請管理顧問來救亡的，我的客戶都是成功而在發展中的企業，因為想做得更好而去聘請管理顧問。

總之，我們的客戶都是業內的翹楚。

事實上，由於香港是個開放型的經濟，在香港能夠脫穎而出的企業，面對的競爭者都是國際的一流企業，所以他們需要不斷創新，謀求突破，因此不少都樂意借助管理顧問的協助。

我的顧問公司客戶不少，收入亦可觀，但我卻得不到工作滿足感。我發現確有能力為客戶提供有價值的服務，簡單的說，就是能協助他們賺更多的錢，亦因此他們願意用我們的服務。

我不禁問自己：難道這就是我來這個世界唯一的目的？

我找不到答案。所以我決定停下來，52 歲那年，提早退休。所有的

第五章　未來葬禮　死都要創新

同事、親友、客戶、行家，全都無法明白這個決定。我當然沒有理會他們的看法。

退休之後，進入另一人生階段。有時回想起來，其實我應該更早退休。

第六階段（2000-2008）：井底之蛙海闊天空

退休初期，真的是無所事事。與太太到處旅行，好幾年有一半時間不在香港。這是一個輕鬆的休眠狀態，無目的地博覽群書，天真地學習上網，開始學打高爾夫球，做一些以前工作時無機會做的事。現在想來，這是每一個人都可以有的自由，也不應等到退休後才做。到外地旅行的地點中，去得最多的是新西蘭，至今去過至少 30 次，我沒有新西蘭護照，也沒有在當地置業，亦無親人住當地，只是覺得那邊夠簡樸清靜，有點與世無爭的感覺。

想不到，在一個偶然的機會下，認識了當地最負盛名的社會企業家 Vivian Hutchinson。不錯，社會企業家（Social Entrepreneur）。「企業家」，我知道是什麼，但「社會企業家」我卻從來未聽過。於是馬上惡補這個空白。看書、上網、問人，甚至親自到世界各地造訪一些知名的社會企業家。原來世界上已經有這麼多的社會企業家，只是我自己未有察覺。

頓時對在小學已經學過的一句成語有新的體會——**坐井觀天**。我有多個學位，又在大企業工作多年，亦曾漫遊四大洲，但竟然未聽過社會企業家，何異坐井觀天？

每次回到香港，總是會向親友介紹社會企業家的事跡，發覺他們毫無例外地也是未有這方面的認識。他們鼓勵我多些與人分享，我也樂意這樣做，但總不能每天都講。於是我開始用電郵來編寫一份通訊：Social Entrepreneurs Newsletter，每兩星期寄發一次，每期三頁紙，2007 年 7 月創刊，一共出版了 200 多期。

　　通訊出版後，反應異常熱烈。有些讀者提議舉辦座談會來討論，於是舉行了兩次，每場都有 40-50 人出席。在第二次的座談會上，有人提議成立一個組織來推廣。我當時已退休，十分抗拒成立組織，但參加者熱情得很，我察覺到即使我不參與，他們也會成立這個組織，於是也不再反對。

　　最後，他們成立了「香港社會創業論壇」（Hong Kong Social Entrepreneurship Forum），使命是 To create and sustain a civic movement of social entrepreneurship，還選了我做論壇的始創主席，於是開啟了我香港社會創業運動的第一頁。

第七階段（2008-2020）：社會創新屢創高峰

　　2008 年可說是一個分水嶺，因為黑暗中對話（香港）有限公司在這年成立。我有幸是其中一位創辦人，另一位是退休企業家張瑞霖。

第五章　未來葬禮　死都要創新

一直以來，社會人士視傷殘人士為弱勢社群，需要別人來關懷、同情及協助，有不少志願團體及社會企業，都以傷殘人士為服務對象，這也是無可厚非的。但黑暗中對話的出現及成功，卻令很多人對傷殘人士另眼相看。

黑暗中對話聘用表面是傷殘的人士，主要是失明人及聾人，由他們提供創新的服務給所謂正常的人來享受，令後者得到學習及反思的機會，讓他們感受到這些表面傷殘的人士所擁有的才能。這是前所未有的體驗，驚喜之餘，更有嘆為觀止的效果。

黑暗中對話的同事，更創造了一個新的名詞來描述自己—People of Differences，多元人才。意思是說他們與別人不同，但並不代表傷殘無用。這與政府部門至今仍沿用的講法—People with Disabilities—形成強烈的對比。

黑暗中對話的另一個突破，就是運用私人的資金來創造自負盈虧的企業。它跟一般社會企業不同，並沒有依賴政府資助來經營，而是由 19 名股東，集資 560 萬來創辦。結果在正式開業的第 7 個月便達致當月收支平衡；第二年便略有盈餘；第三年更能向股東派發股息，全港首創，意義重大。

黑暗中對話的出現，為社會創業開拓了全新的空間。過去十多年，以私人資金創辦的社會企業與日俱增，到今天，已超越政府資助的社會企業。

繼黑暗中對話後，我參與創辦多間社會企業，包括仁人學社，後來成為了香港首家共益企業（Certified B Corporation）、好單位（The Good Lab）、社企投資會、夢創成真、仁人行動等。

在這期間，更編著了超過 10 本關於社會創業的專書，及在《信報》

開始了一個每周一篇的「社創群英」專欄，培養了一批傑出的作者群。

2020 年，獲得了一個國際獎項，由 Schwab Foundation for Social Entrepreneurship 頒發的 Social Innovation Thought Leader of the Year 2020。

以上就是我 1948 年到 2020 年的人生故事。許多細節當然沒有提及，但不打緊，最重要是總括出每一階段的關鍵事跡。我鼓勵其他人都嘗試這樣來寫自己的故事。

演詞的第二部份是建基於第一部份的。

第二部份價值觀及信念

第二部份是反省自己人生重大的抉擇，是建基於甚麼價值觀及信念的。我們人生的軌跡並不是漫無目的的。每當有重大決定時，通常左右抉擇的是我們的價值觀與信念。

這裡提到價值觀及信念。兩者有點關聯，但亦有所不同。價值觀是指個人及人際關係中你認為是重要的東西，例如正直與忠誠，關懷與同理心，公平與正義，自由與獨立等。

信念是指個人認為正確而堅信不疑的觀念。英文的說法是

Ideas you hold to be true and act as if they are indeed true.

例如：「有志者事竟成」，「星星之火可以燎原」，「我是不適宜創業的」等等。

很多時，信念比價值觀更直接影響人生重大抉擇。

這一部份是鼓勵大家梳理一下，一直以來影响自己重大人生抉擇的

第五章　未來葬禮　死都要創新

價值觀及信念，因為這些會繼續支配你日後的決策，愈早作出自我反省，可以更有意識地主導日後的決策，甚至放棄一些過時的價值觀及信念。

我自己準備演詞的時候，也用了很多心思去梳理。最初有點百感交雜，後來整理出來變成「八感交雜」。

1. 狄更斯的啟示

狄更斯在《雙城記》的卷首語是這樣的：

這是最好的時代，也是最壞的時代；

這是有智慧的時代，也是有愚蠢的時代；

這是信仰的時代，也是懷疑的時代；

這是光明的季節，也是黑暗的季節；

這是希望的春天，也是絕望的冬天；

我們什麼都有，也什麼都沒有；

我們正走向天堂之路，也正走向地獄之門。

它帶出一個重要信息，任何時代都會有光明的一面，同時亦會有與黑暗的一面；有希望的信息，也有絕望的訊號⋯⋯

這又是多麼的真實。

我也特別喜愛這個說法：Whether it's the best of times or the worst of time, it's the only time we've got.

意思是，不管是最好的時代，抑或是最壞的時代，我們擁有的就只是這個時代！

2. 牧羊人故事

我在新西蘭聽過這樣的故事：

話說一個牧羊人，有 200 隻羊。一天，突然少了一隻，他花了很多時間去搜尋也找不到。他極度傷心。於是，他把其餘 199 隻羊，趕到一個懸崖邊，然後把牠們推下去，全部的羊都死了。

故事講完。聽起來，有點匪夷所思，毫不合理。但是設想一下，我們是否有時也會這樣極端。遇上一件極度傷心的事，便把其他所有都一筆抹殺？

最近在香港發生的事，確實令人傷心及痛心。但是否需要把 199 隻羊都一筆勾銷？

3. 想快樂嗎？感恩吧！

像大家一樣，我看過很多 TED Talk，其中一個印象最深刻的，題目就是 Want To Be Happy? Be Grateful，講者是大衛斯坦。

人人都想快樂，但不是人人都經常感恩。快樂與感恩有什麼分別？

但是，何謂感恩？可能人人有不同看法。這位講者提供了一個了很有說服力的觀點。

第五章　未來葬禮　死都要創新

他認為，我們心懷感恩，是當以下兩種情況同時出現：

1). 你很渴望得到一種東西，及

2). 你可以不費分毫便能獲得它。

如果這兩種情況同時出現，你便會感恩莫名。相反地，假若你很想得到一件東西（例如一部名貴房車），而花了大量積蓄去購買，買到了你可能會很快樂，但不會覺得感恩。因為這並非「不費分毫」便獲得的。

然而，世界上是否真的有些東西，人們會渴望得到，而不費分毫便可獲得的呢？

這位講者告訴我們，是有的，那就是**時間**。

人人都希望有時間，但我們每天醒來，便有 24 小時在眼前，不費分毫地給我們使用。我們應該感恩了吧？

但即使如此，並不見得很多人感恩。問題出在哪裡？

關鍵是，這些時間代表的是「**機會**」，即是說，我們要去掌握時間，就是去掌握機會。

每天不費分毫便得到的時間，每一秒所代表的都是機會。我們無時無刻都有着這些機會給我們使用及發揮。我們可以充分去發揮這些機會，去做我們認為應該去做的事。

接受了這個 TED Talk 的洗禮後，我對「感恩」有了新的體會。現在一覺醒來，便心存感恩，慶幸又有機會去善用上天賜給我的時間。每一天每一刻，都充滿感恩。我甚至在每一次寫電郵的時候，下款都寫上 "Gratefully"，經常提醒自己多麼感恩。

◇ 3. 時勢造人，抑或人造時勢

30 多年前，我聽過以下的一個講法：

Man are products of circumstances.

Man are also creators of circumstances.

Some people allow themselves to be driven by circumstances.

Some people rise to shape circumstances when the opportunities arise.

意思是說：

我們是時勢下的產品，

我們也可以是時勢的創造者，

有些人終生在時勢下隨波逐流，

有些人當條件許可時會改變時勢。

時勢的力量是難以對抗的，但並不等於我們只可以被動地接受時勢的擺布。

在特定的時空下，我們也可以左右時勢的發展，改變它的方向。

反正我們不用只是隨波逐流，身不由己。

第五章　未來葬禮　死都要創新

5. 不講理的人就是進步的力量

大文豪蕭伯納有以下的名言：

The reasonable man adapts himself to the world;

the unreasonable man persists to adapt the world to himself.

Therefore, all progress depends on the unreasonable man.

即是說，講理的人接受現實，不講理的人要改變現實。

所以，世界的進步主要歸功於不講理的人。

我發覺自己一直是個不講理的人。

5. 去者最大遺憾

我從這本書得到很大的啟示：：The Top Five Regrets of the Dying by Bronnie Ware.

作者是澳洲人，她並非醫療人員，也沒有接受過護理訓練，但選擇長期去照顧臨終的病人，過程中訪問了數以百計的病者，了解他們一生

中最大的遺憾。最後寫成了這本書。

以下是最多人提及的遺憾：

- **我應該根據我自己的心願來過活，而不是滿足別人對我的期望；**
- 我不應該把全副精神放在工作上；
- 我應該有更大的勇氣去表達情感；
- 我應該花更多時間在知己友人上；
- 我應該讓自己更快樂。

你的遺憾不一定是這些，但你很可能有遺憾。

你試試想像一下：在臨終的最後日子裡，會有哪些遺憾？然後問自己：是否真的想要這些遺憾？這是你有能力改變的。

7. 找尋你的 Role Model

我用了"Role Model"這英文字。很簡單，我不懂得翻譯它。有些人譯作典範，或是偶像。我認為都不準確。雖然這個名詞經常出現，但至今沒有一個定義。我從事社會創新近 20 年，發覺不同的人都有不同的理解。

直至有一天，我發現我自己的 RoleModel，才去嘗試為這個名詞下一個定義。我的想法最早是英文的：A role model is someone who inspires you so much that you want to exceed his (her) achievements.

你的 role model，感染你的程度深至令你想去超越他（她）的成就。

我的第一個 role model 是尤努斯（Muhammad Yunus），孟加拉

第五章　未來葬禮　死都要創新

人，因推動微型貸款（microfinance）運動去扶貧獲得巨大成績，而成為第一位獲頒諾貝爾和平獎的社會企業家。

有一年他來香港作公開演講，我有幸與他見面。我當面告訴他，我把他視為 role model，並解釋了我為 role model 下的定義。我還說，雖然我獲得諾貝爾和平獎的機會微乎其微，但不代表我不能超越他的成就。我只要繼續做好我的社會創新教育工作，假若有生之年，在中國大地有人直接或間接受我的影響而獲得諾貝爾和平獎，我便認為我已超越尤努斯的成就。

值得指出，你想超越另一個人的成就，並不代表要跟他人競爭或評比，而是受到深刻感染令你為自己提出一些高遠的理想。我終於能否超越尤努斯並不重要，但是我更清楚確定自己的方向及努力目標，這才是關鍵。

這和一般人說自己有 role model 有何關係？分別確實很大。一般人對 role model 的定義，在我眼中看來，是不到肉的，因為看不出你認為是 role model 的人究竟對你有多大感染，有多大影響。

用我的定義來看 role model，要求便高了很多。你不會隨便認定一

個人作為 role model，除非你真的相信他（她）感染你的程度，深至令你有激情去超越他（她）的成就。

8. 講自己的故事

你有否聽過這句名言：

"The universe is made of stories, not atoms."

這是來自 Muriel Rukeyzer 的書 The Speed of Darkness（1968年）。

意思是說，宇宙（或世界）是由故事構成的，而非物質。一個人的一生，也是由故事構成的，而不是血肉之軀。一個人獨特的地方，並非是一副軀殼，而是他（她）獨一無二的經歷、意識及情感交織出來的故事。

書中還有這段話：

「人人都有自己的故事，結合了歷史和處境，關鍵事件及後果，好的及壞的，意料中的及意料之外的，全部的因果關係交織起來，形成一個系統。」

講自己的故事，看似簡單，其實不然。細想想能否做到：

- 有勇氣面對自己的過去；
- 反思自己的選擇及背後的用意與動機；
- 確認那些是關鍵事件及其後果；
- 客觀評估重大決策的得與失；
- 反省什麼時候隨波逐流，什麼時候是中流砥柱，敢為天下先；
- 承認那些是運氣幫了一把手，或抹殺了你的努力。

第五章　未來葬禮　死都要創新

　　總之，要編寫自己的故事，殊不簡單，卻很有意義。至少，在人生的不同階段，為自己寫自己的故事，作為一個階段性總結，對以後的人生會有很積極的作用。

　　假若你也會舉行「未來喪禮」，那是最佳的時候去編寫及分享你的故事。

　　請留意，這是你獨特的故事，無所謂好與壞，只有你自己知道是否忠於事實，忠於理解，忠於演譯。

　　回顧我的人生故事中不少重要抉擇，都是受這些信念所左右。估計在未來，仍然會發揮著作用。

第三部份 餘生打算做甚麼

　　這可能是整個演詞的最重要部份。因為這是未來喪禮，你還會在人世一段時間（確實是可長可短，短則三、數年，長則二、三十年）。這部份的內容，最關鍵的就是要忠於自己，有勇氣說出你打算在這段日子中最想做的事情，最想創造的成就，最想對世界作出的貢獻。

　　簡單地說，就是分享你的夢想。

　　有些人會問，為甚麼要在未來喪禮上分享自己的夢想？

　　更多的人會担心，假若我沒有夢想，那怎麼辦？

　　讓我逐一回應這兩個問題。

　　第一，沒有夢想怎辦？未來喪禮就是一個很好的機會，通過整理自己的人生故事，加上梳理了價值觀及信念，可以坦白地問自己，我應該怎樣渡過餘生？

這只是你的未來喪禮，終有一天你會有真正的喪禮，你估計人們最懷念你的是甚麼？如果你用一句話來總括你的一生，那會是甚麼？

你小時的夢想是甚麼？長大後有否改變？你從生命故事中是否見到夢想的實現？時到今天，是否已放棄夢想？時到今天，是否可以有更大的夢想？

有否聽人說過，**沒有夢想的人，仿如行屍走肉？**

總而言之，準備未來喪禮的演詞是重新確認自己夢想的至佳時機。

至於第二個問題，即使有夢想，為甚麼要在未來喪禮上分享？

我的答案是，至少有兩大作用。

首先，是幫助你更精準地勾劃你的夢想。既是夢想，必須令別人也能明白。假若你不說出來，只是停留在腦海中，內容可能很不清晰，模稜兩可。但是要說出來，你就必須想得很透徹，然後才可以有系統性地，有說服性地表達出來。

其次，是方便你去爭取他人到認同，支持，以及協助。假若你真的希望實現你的夢想，愈多人支持及協作，成功機會也愈大。

所以，第三部份的內容，就是這麼簡單，用簡潔的語言，說出你的夢想。

坦白說，我第一次撰寫演詞時，還未能勾劃出我的夢想。你在本書第一章讀到我的六個未完成的夢想，是我在未來喪禮之後才慢慢制定出來的。我當時的做法，只是將我覺得自己有的身份，去表達我想做的事情：

第五章　未來葬禮　死都要創新

◇ 這一代的企業人：推動共益企業

這一代的企業人，最值得做的事，便是把企業轉化為共益企業（B Corporation）。我說「企業人」，意思是不論你是企業東主，管理者，抑或是一個職員，你都可以採取一切可能的方法，盡力讓企業成為共益企業。理由很簡單，全球資本主義制度正面臨前所未有的挑戰，企業的性質及目的都需要重新定義，共益企業已成為一股令企業脫胎換骨的力量。

我是本地三家共益企業的聯合創辦人（仁人學社，黑暗中對話，及夢創成真），過去數年亦與一班商界人士積極推廣共益企業，並曾任共益實驗室（港澳）的聯合主席。

◇ 這一代長者：要進優，不要退休

時至今天，我們要重新思考退休這個現象。隨着一般人壽命的延長、健康的改善、科技的日新月異，大部分達到所謂退休年齡的人都仍然身壯力健，隨時會有20至40年健康的生活，只要改變一下腦筋（rewire），便可以海闊天空，進入一個更優秀的人生階段。

我近60歲才開始「進優」（ReWirement），並積極鼓勵其他人加入這行列，寫了一本小冊子，題為《百歲青春：無懼，無悔，無限可能》，廣泛流傳。亦與一班志同道合的長者，舉辦了一個為期9個月的「進優行動計劃」，更積極推廣了 ReWirement Village（全齡村）的概念。

這一代的知識份子：推動社會創新

現在已經很少人提「知識份子」，但並不代表社會上沒有知識份子，或是他們不需要存在，或是他們無作用可言。

我記得在大學的時候，聽過一次胡菊人先生的演講，他對知識份子的定義，就是「有知識而知道自己本份的人」。事隔近 50 年，仍然印象深刻。他說「有知識」，並不是一定要有高深知識，或是地位崇高，言行有權威性的人。重點反而在「知道自己的本份」。

在今天來說，知識更並非由少數人所獨佔，讀過大學或未讀過大學，一樣可以有知識。至於本份，我認為最重要是推動社會創新，因為現代社會愈來愈複雜，各方面問題及挑戰也愈來愈多，傳統的解決方法已不能應付今天與未來的挑戰。因此我認為，這一代的知識份子，推動社會創新是責無旁貸。

我進優以來，工作重點就在社會創新。

這一代的教育工作者：線上結合線下顛覆傳統教學

由於疫情關係，很多人都留意及使用到線上學習。但是成功的線上結合線下例子卻不多。我經常要提起這個事例：1888 年，愛迪生已發明了 "motion picture" 這個技術。但是當時的人不知道怎樣用這個技術。

初時的應用，僅限於在舞台前把歌劇錄影，然後在別處播放，要經歷 20 多年才慢慢應用這技術來拍電影。現在很多人以為線上學習，就等於把課堂上的講授做成錄像，然後播放給學生觀看。這就是等於在舞台前把歌劇錄影一樣，完全沒有發揮線上結合線下的潛力。這一代的教育工作者，可以有創意地運用線上結合線下的無限可能性，顛覆傳統教學

第五章　未來葬禮　死都要創新

方式，造福人群。特別在非正規教育領域上，潛力及功效更宏大。

我的工作中，經常涉及廣義的教育活動，因而特別重視線上結合線下教學模式的突破。

◇ 這一代的環保推動者：帶領下一代拯救地球

假如你關心這個世界，你一定要做環保推動者。只不過，環保工作絕不容易做。其中一個有效的方法，就是帶領年青的一代一起去做。正因如此，我和一班志同道合的朋友，開創了一個名為《滿竹跨世代》的運動（Bamboo Generations Movement）。

以竹入手，運用「搭棚工作坊」讓大家掌握搭棚基本技巧，然後設計各種實用的竹制品。我們計劃打造一個 Children's BambooPark（「滿竹天地」），全部玩具及設施都是以竹為基本材料。這些工作坊短少精幹（3小時），新穎、刺激、好玩，能夠吸引年輕人興趣，然後以竹來帶出氣候變化的挑戰，及人人採取行動的重要。

我們已舉行了數以百計的「搭棚工作坊」，並在多間學校為學生、老師及家長提供搭棚訓練，讓他們設計及建造校園內的「滿竹遊樂場」，開風氣之先，肯定日後更多學校會加入此行列。

◇ 這一代的愛國者：開展另類愛國教育

近年來，「愛國」是個敏感的話題。從正面、客觀地去探討，這是此時此地住在香港的中國人之一大挑戰。有一位中文大學的校友，是個成功的商人，為了回饋母校，年前捐出了一筆可觀的數目，設立多個獎學金。

他還每年與得獎的學生會面，了解一下年輕人的想法。這幾年與得獎者的接觸，令他驚嘆不已，因為發覺他們對國家的了解異常薄弱，亦缺乏對國家與民族的感情，也抗拒回內地旅行。

他心想，撇開什麼藍絲、黃絲的爭論，假若大學畢業生對國家如此冷淡及無知，何來會有愛國者？他找我一起與校方商討，結果決定改變獎學金的用途，轉為大學生設計一些另類的愛國教育，包括回內地旅行考察等。坦白說，這是個很大的挑戰。

我提出這個例子，是想說明這一代的愛國者，不單要自己真正愛國，還要能開展另類的愛國教育，讓更多人，特別是年輕的一代，對國家有認識。

你的未來喪禮

以上跟大家分享了影響我人生重大決定的信念，我的人生故事，及這一代人可以做的一些事。我無意影響大家的思想，但有以下的願望。

我希望你會為自己設計「未來喪禮」，參考我提議的三部曲，講述自己的人生故事，以及分享你作為這一代的一份子，打算餘生做甚麼的事。

第五章　未來葬禮　死都要創新

第六章
海闊天空　進優鄉村俱樂部

第六章　海闊天空　進優鄉村俱樂部

WHY 為甚麼

我有十個強力的理由要創辦這個俱樂部，並把它辦得有聲有色。但首先讓我簡單介紹 What、Who、How 及 When。

WHAT 是甚麼

進優鄉村俱樂部是一個會員制的組織，以有限公司形式在香港註冊。

它的特點是在鄉郊地方有多個基地，供會員及其親友聚會及消閒之用。

WHO 為誰而設

基本上是為進優人士而設，包括有興趣進優，已開始進優，及已進優多年之人士參加成為會員。

所有準會員必先了解進優的意義，最直接的方法是閱讀由謝家駒博士所著「進優取代退休」一書。

在第一階段（大約首二至三年），我們對會員資格有下列要求：

- 年齡在五十以上
- 曾接受大專教育

- 有所謂「經濟自由」，即停止全職工作之後，沒有絕對必要創造收入；任何收入只是 nice to have，而非 need to have
- 有社會意識，即並不是單純著眼個人及家庭的需要，而有意對社會作出貢獻

HOW 如何運作

由於初期會員人數貴精不貴多，我們將採取集體參與，集體領導的方式來運作。

主要的活動有四大類：

- 學習及開創 – 參考世界各地進優人士的學習形式及內容，開創一套切合本地需要的進優生活及創造社會價值模式，方便更多人加入進優行列。
- 聯誼及互助 – 鼓勵會員互相了解及交流，以達至互相學習，互相鼓勵，互相支持，互相感染的效用。
- 創造社會效應 – 會員以個人或小組形式，主導及進行有社會效應的項目，鍛練自己及造福人群。
- 享受閒暇及天倫 – 在大自然的環境中享受閒暇，由其是多代一起的消閒活動。

第六章　海闊天空　進優鄉村俱樂部

WHEN 何時起動

已經開始搭建設施，2024 年十二月基本完成，第一個位於上水河上鄉的基地可於明年一月正式運作。目前正策劃第二及帶三基地。

WHY 為甚麼

現在可以回到 WHY 的問題。

讓我強調：我有十大理由非要創辦進優鄉村俱樂部不可，而且要把它辦得有聲有色。現在逐一介紹。

1. 世界首創進優人士組織

關鍵不在於是否首創，而是世界急切需要這樣的組織。

大家很可能聽過大文豪雨果（VictorHugo）這句名言：

There is nothing more powerful than an idea whose time has come.

（沒有什麼比時機成熟的想法更強大的了。）

ReWirement（進優）正是這樣的一個 idea。正如本書第二章所分析，退休這觀念及有關實踐在人類進化過程中只有很短的歷史，大約不超過 130 年，是普遍人口預期壽命低於 60 歲的環境下演變出來的。現在世界各地大多數人都有機會活到 90 開外，是時候將退休這觀念應放進博物館。

但在任何社會，要改變一般人關於退休根深蒂固的觀念，是一個漫長的過程，進優鄉村俱樂部的創立，是想吸引及維繫一班先行者（Early Adopters），通過他們將信息傳開去，一步一步令「**進優取代退休**」成為社會共識，深入民間，移風易俗。

2. 為甚麼要突出「鄉村」？

我們的對象，皆是退下了全職工作的人士，但不少仍住在「石屎森林」中。

我們希望通過在郊野的俱樂部設施，鼓勵進優人士多些到郊外活動，多些接觸大自然，吸收更多新鮮空氣，爭取更多戶外伸展筋骨的機會。

所以我們計劃所有的基地，都設在郊區環境幽美的地方，不只方便會員經常享用，還可以讓他們扶老攜幼，跨代一起享受鄉村風味，郊野樂趣，投入大自然的懷抱，從而更愛護大自然，更嚮往環保的實踐及生活方式。

簡而言之，我們希望所有會員，每個月（每週更佳）都來到鄉村俱樂部，享用我們自建的設施，與大自然為伍，享受野外的優閒生活。

3. 為甚麼叫做「俱樂部」？

我們基本上是一個會員制的組織。本來可改一個甚麼協會，中心，會社等名字。但覺得這些名稱都比較傳統及老土，不能突出要轉變腦

第六章　海闊天空　進優鄉村俱樂部

筋,標榜一個新世代的來臨。

採用俱樂部的名稱,可以令人耳目一新,感覺輕鬆活撥,又有享受閒暇的呼喚,更有會員間聯誼,互動,合作的空間,可謂極其吻合。

再加上鄉村這兩個字,**進優鄉村俱樂部更可以成為一個嶄新的身份象徵。**

有些朋友提醒我們,說鄉村俱樂部可能給人一過錯覺,有一個大型及高級的會所,供會員享受。我們並不擔心。我們確實是以鄉郊為基地的俱樂部,只不過不以豪華會所來招搖。

更重要的,是我們所有的設施。都是會員(即進優人士)自己設計及建造的。我們將以竹為主要材料,所有會員都會掌握搭棚及有關竹藝,根據我們自己的需要,發揮創意,群策群力,用雙手親自打造出進優的新型設施,這比在豪華會所中舉行活動更有意義及價值。

4. 與「滿竹跨世代」運動互相呼應,相輔相成

上面已提及「滿竹跨世代」的四大使命,即傳承工藝,推動環保,激發創意,跨代共融,剛巧與進優生活不謀而合。

「滿竹跨世代」的活動可為進優人士提供至少以下的機會:

◆　掌握竹藝,馬上可應用在俱樂部的設施建設上

- 成為認證「竹藝導師」，創造一些收入
- 以身作則，以竹代塑，以竹代金屬，推動使用可持續性的物料
- 重拾童心，發揮創意
- 感染下一代，從少實踐環保生活方式

「滿竹跨世代」剛好亦是由進優人士創立及推動，是一個「無中生有」的典範項目，新進的進優人士可以參考此模式，開創其他推動移風易俗的運動。

5. 推動「全齡」概念，扭轉「年齡隔離」

正如本書第四章提到，當今世界愈來愈高齡化，我們要刻意避免年齡隔離。Marc Freedman 的金句是最強力的當頭棒喝：

「在今天的美國，年齡隔離的問題比種族隔離來得更尖銳」。

所謂年齡隔離，是指將不同年紀的人從事的活動過份地分隔開來。

最明顯的是退休村，將長者與其他年紀的人嚴格分隔出來。

誠言，有時不同年齡確是可以有不同的些活動空間的，但我們要避免很多習以為常的不必要隔離。這問題已愈來愈受到關注，因此有所謂「全齡」設計的潮流，尤以在台灣特別流行。在當地，全齡村，全齡社區比比皆是。

第六章　海闊天空　進優鄉村俱樂部

我們對進優鄉村俱樂部的設計，亦盡可能**以全齡作為思想導向**。整個環境及個別設施的設計，都儘量可以供不同年齡人士來運用，包括方便跨代活動的進行。

因此，進優鄉村俱樂部的會員雖然是進優人士，但所有設施都歡迎會員邀請不同年齡的人士一起享用，達至跨代共賞，共樂，共創的目的。

6. 自負盈虧，持續經營

進優鄉村俱樂部是一間初創企業，以有限公司註冊。

我們將會自己創造收入，量入為出，自負盈虧。在財政未上軌道前，不會有全職僱員，我們會與姊妹組織「滿竹跨世代」及「樂遊仁」緊密合作，共用部份資源，降低營運成本。

我們主要的收入來源包括：

- 會費
- 進優課程收入
- 「認證進優教練」培訓收入
- 進優教練服務收入
- 企業或團體培訓服務收入

- 各類活動收入
- 海外考察團收入
- 項目贊助收入

由於我們會儘量避免或減少固定支出（例如不設辦公室），主要的支出將會是與活動有關的費用，其中最主要的是導師及講者的車馬費。

我們亦會申請社會企業資格，一方面有助於市場定位及宣傳，另方面亦可能在一些方面上減低成本。

中期目標是在兩，三年內獲得國際「共益企業」認證（B Corp Certification）。

7. 既是一門生意，也是一個運動（A Business and A Movement）

自從五年前讀過 New Power by Jeremy Heimans and Henry Timms 一書後，我深受啟發，決定今後創辦的任何事業，必須同時既是一門生意，也是個運動，兩者有機地結合在一起，互為因果，相得益彰。

道理很簡單。既然值得創辦一門生意來推廣，那就意味著這有高度的社會價值。既然如此，便值得發動一個社會運動來令將之深化及普及化。

進優的意念及實踐，切中時弊，其廣泛推廣是當急之務。目前暫時未見有任何團體或機構從事推廣。我們感到責無旁貸，所以挺身而出，肩負起此重任。

然而，社會運動雖然可以發動社會上各方面的資源，但本身亦需要有一定的資源來持續運作。

一般的做法，是申請基金會，企業，或政府的資助。我們雖然不抗拒此類資助，但鑑於這類資助不容易申請得到，而且即使成功獲得贊

第六章　海闊天空　進優鄉村俱樂部

助，亦不能保證長期獲得這些資源。因此，我們覺得如果有一個能自負盈虧的企業做後盾，運動的持續性便更有保證。

結論是，一門生意要與一個運動需同時並舉。

說到這裡，要稍停下來，之後再介紹餘下的三個理由。

以上七點是最重要的理由。以下三點並不是不重要，而是性質上有點不相同。

這裡要介紹「follow through」的概念。字面上的解釋，意思是「跟進」，但不算貼切。

讓我嘗試用揮球的比喻來解釋。在很多需要揮拍的球類中，例如網球，羽毛球，高爾夫球等，**如何揮拍是能否打出好球的關鍵因素。**

所有球手及教練都知道，揮拍觸球的一刻是決定球速及方向的關鍵。但著眼點卻不是觸球的一剎那，而是怎麼樣的 follow through。即是說，一個球打得好與不好，在乎於有沒有適當的 follow through。

Follow through 這個概念在我們日常生活中有很多地方也適用，特別在制定目標的時候。

例如上面已提出了七個很好的理由，非要辦好進優鄉村俱樂部。我們可以停下來想想，假若真的完全做到這七點，會有怎麼樣的情景？

以下的三個理由，就是在這情況下構思出來的。

8. 進優鄉村俱樂部的多個基地，成為了本地新的旅遊景點

我們的設施，可供跨代享用，設計獨特，全港首創。簡樸而別緻，自然亦環保。帶著有點「山不在高，有仙則名。水不在深，有龍則靈」的氣氛。

更可況我們最大的賣點，是進優人士自己設計及搭建出來的。

訪客不論男女老幼，我們都讓他們體驗搭棚的樂趣，這是獨一無二的體驗，一方面讓他們認識一種流傳過千年的中華竹藝，值得傳承及發揚光大，另方面可以讓他們了解竹的環保價值，與及在日常消費中何以要選擇可持續性的物料。我們還會讓參加者嘗試設計及建設新的設施，合用的便會留下來供日後的訪客享用。

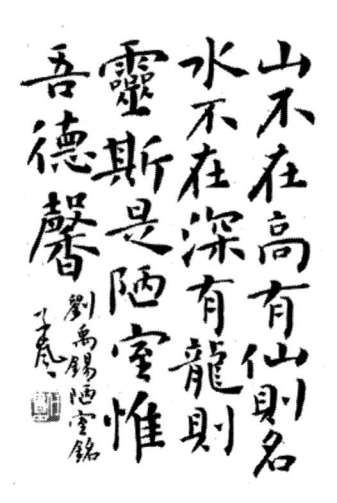

> 山不在高有仙則名
> 水不在深有龍則靈
> 斯是陋室惟吾德馨
> 劉禹錫陋室銘

數百年前，蘇東坡的詩句已提到「寧可食無肉，不可居無竹」，今天，**特區政府亦鼓勵**「以竹代塑，以竹代木」，訪客們參觀過我們的設施後，會更深刻地了解竹的時代意義。

簡言之，我們將在基地上，舉辦不同形式的另類旅遊體驗活動，促進本地旅遊業的轉型。

這些活動不會令進優鄉村俱樂部增加工作量，因為有夥伴組織「**樂遊仁**」來主持，他們的使命是開發另類旅遊體驗。

9. 向內地及台灣朋友推介進優鄉村俱樂部

假若我們在香港做出一點成績，內地及台灣的友人肯定有興趣參考我們的經驗。他們的需要及發揮空間遠遠超越香港。

第六章　海闊天空　進優鄉村俱樂部

事實上，在我與一些內地及台灣的朋友分享了本書的部份內容後，已有人表示有興趣與我一起在當地推廣進優運動。但我暫時不敢答應。最主要原因當然是因為我們也是剛起步，但更重要的原因是我估計自己無力兼顧。

認識我的朋友都知道，過去二十多年我在香港推動社會企業及社會創新不遺餘力，但一直都未有踏足內地做這方面的工作，因為我不熟悉內地的環境（所謂國情），根本沒法可以有效進行。

進優運動也是一樣，我不相信可以直接參與，但極願意將本地經驗與內地及台灣友人分享，與及參考他們相關的經驗。所以，我會鼓勵內地及台灣的朋友來我們的基地參觀，互相切磋，取長補短。

我亦會將本書交給內地及台灣的出版社考慮在當地出版。

我期望，我們正反方面的經驗，都可以成為內地及台灣有關團體的他山之石，在他們推動進優運動的過程中，產生一點積極的作用。

10. 推動全球進優運動的發展

本書是以中文寫成，極可能是這個領域的第一本。

我在本書第四章介紹了十個思想領袖的著作，推動全球進優運動功不可沒。

但在英文世界，還未有一本像本書這樣有系統地介紹進優的著作。我的夢想是用英文來改寫本書，在英國或美國出版。

這個英文版與本版的最大分別有二。一是改寫第一章，減少關於本人本地的經歷，加強未完成的夢想對進優旅程的重要性。二是加進鄉村俱樂部的實踐經驗，因為這是全球首創，亦對其他地方推動進優運動有很大參考價值。

Stanford SOCIAL INNOVATION Revi

Informing and inspiring leaders of social change

甚麼時候才實現？現在難以估計。但我會先寫一篇長文，在海外的刊物上發表，試探反應。目標的刊物是由史丹福大學出版的 Stanford Social Innovation Review。希望在兩年內做到。

正如本書多次強調，**進優取代退休是大勢所趨**，在世界各地都已出現這個靜默的革命，我只是想香港的經驗可以推波助瀾，加速這個運動的發展，更早釋放大量的進優人士，讓世界能夠更美好。

以上就是我設想的十大理由，這裡再列出來，讓大家一目了然：

1. 世界首創進優人士組織
2. 為甚麼要突出「鄉村」？
3. 為甚麼叫做「俱樂部」？
4. 與「滿竹跨世代」運動互相呼應，相輔相成
5. 推動「全齡」概念，扭轉「年齡隔離」
6. 自負盈虧，持續經營
7. 既是一門生意，也是一個運動（A Business and A Movement）
8. 進優鄉村俱樂部的多個基地，成為了本地新的旅遊景點
9. 向內地及台灣朋友推介進優鄉村俱樂部
10. 推動全球進優運動的發展

第六章　海闊天空　進優鄉村俱樂部

我今年 77 歲，如無意外，有機會活到九十開外。

進優鄉村俱樂部將在 2025 年一月正式運作。未來三年，將會創造第一個里程碑，到時剛巧我會八十歲，我期望可以在其中一個基地，舉行八十歲的生日會。希望你也會出席。

寫到這裡，不能不分享一個感受。我這個年紀，還有這麼多夢想，你比我年輕得多，你的夢想呢？

第七章
坐言起行　只爭朝夕

第七章　坐言起行　只爭朝夕

本章的重點在行動。現在先要你做一件事。

下列有多條關於人生的金句,我想你仔細地讀一遍,然後選出一句令你感觸最大的,跟著拿一張紙,把它寫下來,放在你書房一個顯眼的地方。

1. "The greatest pleasure in life is doing what people say you cannot do."

人生快事就是做一些人們覺得你不能做的事

—— Walter Bagehot

2. "Life is either a daring adventure or nothing"

人生就是大胆的冒險,別無其他。

—— Helen Keller

3. "Life is either a daring adventure or nothing"

生命不是尋找自我,而是創造自我。

—— George BernardShaw

4. "The two most important days in your life are the day you are born and the day you find out why."

你一生最重要的兩天是:你出生的一天,以及你知道為甚麼要來這個世界的一天。

—— Mark Twain

5. "A life is not important except in the impact it has on other lives."

生命除非能夠對其他生命有正面影響,否則便毫不重要。

—— Jackie Robinson

6. "He who has a why to live can bear about any how."
一個人若知道生命的意義,自然能排除萬難。

—— Friedrich Nietzsche

7. "The greatest use of life is to spend it on something that will outlast it."
生命最大的用途就是用來創造能夠長存的東西。

—— WilliamJames

8. "Don't go through life, grow through life." 生命不是過日辰,生命的意義在成長。

—— Eric Butterworth

9. "Every man dies. Not every man really lives."
每個人都會死,但不是每一個人都懂得真正地活。

—— William Wallace

10. "You have enemies? Good. That means you've stood up for something."
你有敵人?最好不過,証明你有勇氣挺身而出。

—— Victor Hugo

11. "As a well-spent day brings happy sleep, so a life well-spent brings happy death."
充實的一天會令你有快樂的睡眠,同樣地,充實的一生會令你有快樂的死亡。

—— Leonard da Vinci

第七章　坐言起行　只爭朝夕

12. "We must be willing to let go of the life we have planned, so as to have the life that is waiting for us."

你需要放棄你計劃內的生命，才能夠享受為你而設的生命。

—— E. M. Foster

這本書還在出版社準備印刷的時候，我將書稿讓一些朋友「先讀為快」，順便聽聽他們的反應。我請求他們用一句說話講出最深刻的印象，以下是一些反應：

- 一代人做一代事
- 人生下半場．每一個人都要有夢想
- 過渡就是人生
- 退休的歷史觀
- 進優心態
- 人生的最高峰往往出現在退休之後
- 年齡隔離
- 千萬不要做下流老人
- 學到老加做到老
- Income with impact
- 人生意義不能逃避
- 知行合一海闊天空

你讀畢這本書，又有甚麼感觸？

在第四章中，我介紹了「人生下半場」（Halftime）這本書，提到了 Jim Collins 為這本書寫的序言，劈頭第一句是這樣的：

"Bob Buford has a peculiar genius for inspiring people to embrace discomfort."

作者有一種特殊的天份,能夠感染別人去擁抱不舒服。

這句說話真是可圈可點。

短短一句,有五個關鍵詞。最關鍵的是最後一個字:Discomfort(不舒服)。原來這本書是會令讀者不舒服的。相信大多數人讀一本書的時候,未必會預期有不舒服的感覺,但這本書卻正有此效果。

但重要的是作者不只帶出了不舒服,還能讓他們擁抱它,這又是另一境界。

他能夠做到這效果,是通過感染讀者來達致的。這又是難度甚高的。

Jim Collins 認為這是由於作者有一種特殊的天份,才能創造出這神奇效應。

我在這裡提這件事,是因為我希望本書也可以做到類似的效果。

我希望讀者讀後都會有一點不舒服的感覺,因為有不舒服,才會有行動。

我亦希望本書能夠感染大家去擁抱不舒服,這是不容易做到的,原因是我未必有 Bob Buford 那種特殊的天份。

假若你真的感到有不舒服的感覺,最大機會是因為你現在知道甚麼是進優,亦看見這是大勢所趨,但你不知道自己應否馬上投身進去,跳出你所處的退休舒服地帶(retirement comfort zone)。

更重要的,是對一般人來說,傳統的退休觀念根深蒂固,不是一時之間可以擺脫,即使有莫大的決心,也需要一段時間來更新,由退休心

第七章　坐言起行　只爭朝夕

態過渡到進優心態。

所以你覺得有點不舒服,是完全可以理解的事。

果如此,我建議你看看你選了在本章首的引言。能否給你一些啟示?

我不知你選了那一句,但這十多句話都有一些共通點,就是勸你要有勇氣來掌握生命,創造自己的未來,不要活在別人的期望中,要能擺退脫傳統觀念的枷鎖,做得出一些別人認為你不應做的事,一言以蔽之,不要畏縮在舒服地帶。

你既然讀了這本書,已是一個很好的開始。踏出了難得的第一步。

我建議你考慮以下行動:

- ◆ 參加我們舉辦的「進優六小時」活動,在大自然的環境,從容地感受一下進優的風味
- ◆ 向配偶或摯友介紹你閱讀本書的心得,測試他們的反應,嘗試說服他們與你一起進優
- ◆ 從本書第四章所介紹的十本書中,選擇一本來精讀
- ◆ 考慮加入「進優鄉村俱樂部」
- ◆ 考慮參加一個國際性的進優課程,例如美國 Modern Elder Academy 所辦的短期課程(實地的而不是網上的)

此外,可以考慮本書第三章所提供的行動指南。

不論你決定採取甚麼行動,你的餘生就在你的手中。

一百年太久,只爭朝夕!

附錄
以成長心態展開「進優行動計劃」的旅程

黃顯華

與其把今天視為我有生以來最年長的一天，我積極地以今天是我未來生命最年輕的一天。

退休後的生活安排

2008年筆者退休後，時間的安排大體如下；這十多年的生活可算是充實的，卻缺乏了上述對生命的感受。

1. 退休那一年開始動筆，至2014年由人民教育出版社出版了《現代學習和教學論：性質、關係和研究》一書。該書近74萬字，引用了800多份英文學報文章，這些論文都是以實證研究為主。2018年，分別由商務印書館出版的《觀想學習：古今中外名人終身學習的啟迪》和天津教育出版社出版的《我附錄 的學習觀：古今中外名人終身學習的啟迪》，都可以說是第一本書的普及版。

2. 差不多參加了每一屆兩岸三地舉辦的「課程理論研討會」和兩岸四地的「學校改進研討會」。

3. 三年前開始參加由香港大學教育學院主辦、田家炳基金會贊助的「甘肅省學校改進計劃」。

附錄　以成長心態展開「進優行動計劃」的旅程

4. 五年以來協助香港中文大學伍宜孫書院，開設通識教育畢業論文的指導工作。

5. 為「灼見名家」供稿，至今一共發表了七十多篇文章。

筆者中文大學畢業後，在中小學工作了十四年。到美國念博士時，寫了一篇討論「常新教育 (Recurrent Education)」的文章，1987 年在《信報月刊》發表，指出「教育」和「工作」應該不斷地交替或同時實踐，生命不應只是「受學校教育」、「工作」和「退休」三個階段而已；可是，還沒有突破「退休」是「退」的負面的感覺，亦缺乏著眼於對整體人類生命的關懷。

參加「進優行動計劃」後的轉變

去年，筆者和一班來自不同行業、正步進另一階段黃金歲月的人士，共同經歷了一個為期九個月的「進優行動計劃」。這計劃包括大量活動的互動工作坊、了解多個本土社會創新項目的情況、到海外交流等，希望成為香港推動改寫「退休」一詞的先行實踐者。這計劃讓我們嘗試由「退休」轉為「進優」的心態，逐漸出現了如下的轉變：

1. 閱讀《百歲人生 (*The 100 Year Life*)》之後，知道延長了退休生活的時間後，我們一定要小心處理下列四種資產：a. 有形資產，包括存款、房屋等足以維持生活的條件；b. 生產資產，例如增加新的技能和知識足以令你產生另外的收入；c. 活力資產，包括健康、正面的心態和心靈、友誼、積極的家庭關係和夥伴關係；d. 轉型資產，對自我的認知、接觸不同網絡的能力和面對新挑戰的抉擇能力。

閱讀這本書之後，我開始嘗試較有系統地去思考對餘下生命的安排。

2. 克服「固定心態」的限制。史丹福大學心理學家 CarolDweck 對下列影響「成長」，特別是成功與失敗的兩種心態進行了大量的研究 ── 固定心態（Fixedmindset）：認為自己的聰明才智、控制周遭世界的能力、社交能力等都是固定而無法改變的；成長心態（Growthmindset）：相信現在只是起點，總是會有改變和進步的空間。成功不一定由上天注定，能力和智慧可以經後天培養，失敗與挫折只是人生路上的片段經歷而已；失敗並不代表自己愚蠢，就算是天才也得經歷一番努力才能成功。才能是可以經由鍛鍊改變，把挫折視為挑戰，只有盡一切努力才有可能成功。

參加了「進優行動計劃」後，當導師們去為職業訓練局教師、傷健人士等進行有關「成長心態」工作坊時，參加者便有機會去旁聽和作出不同程度的協助，通過多元的互動活動和遊戲，對了解「成長心態」是一個很好的學習歷程。

3. 從摒棄「退休專區」，到展望「跨世代村落」的成立。我們都討厭種族隔離，但目前世界卻出現了大量年齡隔離的現象。退休人士大多數被迫選擇，或者希望住同一區域。富裕階層夢想進入像邁阿密著名的南部海灘一樣的退休天堂；經濟能力不好的只有入住環境不太理想的老人院或者獨居在劏房內。這模式的最大問題在於極端的社會隔離，不同經濟階層的退休人士亦不會住在同一區域，跟我們所提倡的共融社會背道而馳，加強社會貧富不均的現象。

「進優行動計劃」讓我們開始思考「跨世代村落」的成立，以減少年齡隔離的現象。

附錄 以成長心態展開「進優行動計劃」的旅程

4. 從一個角度去處理資本主義經濟制度出現的矛盾近幾年，香港和世界各地都出現很多矛盾和不安。有人分析其中原因之一是資本主義經濟制度出現的問題。可是，到目前為止，還沒有人找到可以取代資本主義的經濟制度。認證的共益企業（Certified Benefit Corporation）可能是其中一個可以舒緩資本主義經濟制度出現的問題。

「進優行動計劃」安排參加者訪問了 13 間台灣共益企業，包括銀行、律師行和會計師行，讓我們開始思考解決這個矛盾的相關問題。

5. 其他

正確的飲食、適當的運動和心靈的安頓是活力資產的重要元素。「進優行動計劃」每一個工作坊都為參加者增潤上述元素，亦安排了講座和閱讀活動以協助參加者去處理有形資產。參加者被稱為「共創者」，讓他們擁有一起探索創造這個計劃的感覺，可見發起人的用心。

小結

「進優行動計劃」從閱讀《百歲人生》一書開始，其後的工作坊都是為參加者處理四種資產，特別是對**轉型資產**的準備。計劃協助參加者克服「固定心態」的限制、建立「成長心態」以突破「退休」是「退」的負面的感覺，亦著眼於經濟制度和整體人類生命的關懷。（2020 年 4 月 4 日）

進優取代退休：
觀念突破 行動指南

| 作　　　者：謝家駒 |
| 發　行　人：黃振庭 |
| 出　版　者：崧燁文化事業有限公司 |
| 發　行　者：崧燁文化事業有限公司 |
| E - m a i l：sonbookservice@gmail.com |
| 粉　絲　頁：https://www.facebook.com/sonbookss/ |
| 網　　　址：https://sonbook.net/ |
| 地　　　址：台北市中正區重慶南路一段61號8樓 |
| 8F., No.61, Sec. 1, Chongqing S. Rd., Zhongzheng Dist., Taipei City 100, Taiwan |

電　　　話：(02)2370-3310
傳　　　真：(02)2388-1990
印　　　刷：京峯數位服務有限公司
律師顧問：廣華律師事務所 張珮琦律師

-版權聲明-

本書版權為作者所有授權崧燁文化事業有限公司獨家發行電子書及繁體書繁體字版。若有其他相關權利及授權需求請與本公司聯繫。

未經書面許可，不得複製、發行。

定　　　價：350元
發行日期：2025年08月第一版
◎本書以POD印製

國家圖書館出版品預行編目資料

進優取代退休：觀念突破 行動指南 / 謝家駒 著. -- 第一版. -- 臺北市：崧燁文化事業有限公司, 2025.08
面；　公分
POD版
ISBN 978-626-416-677-5(平裝)
1.CST: 退休 2.CST: 生活指導 3.CST: 生涯規劃
544.83　　　　114010261

電子書購買

爽讀APP　　　臉書